www.ingramcontent.com/pod-product-compliance
Lightning Source LLC
Chambersburg PA
CBHW070718160726
47998CB00024BA/1736

דבורה רוזן

הצדק העליון

Deborah Rosen

Supreme Justice

דבורה רוזן

הצדק העליון

Der Irre Psychiater

Deborah Rosen

d_rosen@licht-funken.de

מגרמנית: אפרים ליזר

עיצוב העטיפה: ניקולה ליזר

עימוד: יפעת חזן-ליזר

הציור "קשת בענן" על העטיפה: דבורה רוזן

Lieser & Lieser Publishing

Lieser.lieser@protonmail.com

הסיפור הזה מבוסס על מקרה אמתי. השמות, האנשים והקורות הומצאו. כל דמיון לאנשים חיים או מתים הנו מקרי לחלוטין.

נדפס ב-2018 בדפוס אמזון

מסת"ב 978-965-572-350-2   ISBN

דבורה רוזן נולדה באזור משולש הגבולות גרמניה, בלגיה והולנד, ב-2 בינואר 1967, כבת הצעירה של סוחר יהודי, במטבח של בית היסטורי עתיק. בית מלא סיפורים, שלא סופרו מעולם. לכן היא החלה להעלות על הנייר כל מילה שלא נאמרה.

בגיל עשר הוענק לה המקום הראשון עבור אחד משיריה. גם בזמן לימודיה בבית הספר היא כתבה שירים, שאחדים מהם הופיעו, שנים מאוחר יותר, בספר השירה הראשון שלה. אחר כך נאלצה הכתיבה לעשות הפסקה, כי חלקם של החיים הרציניים השתלטו על כל זמנה. היא למדה מקצוע סוציאלי, שמאוחר יותר היה הבסיס להקמת החברה שלה. בהמשך יסדה מרכז לקואוצ'ינג וכתבה ספרות מקצועית ותכניות לימוד אישי, בחלקם יחד עם רופא לפסיכיאטריה.

היום דבורה עובדת בתור סופרת. היא כותבת ספרים מקצועיים וגם רומנים, מתארת ומשכתבת בשירים וסיפורים את חייה וחיי אחרים. היא מבטאת את עצמה לא רק בעזרת ליריקה, אלא גם בצבעים ותמונות, על מנת להציג את המיוחדות והיופי של האנשים.

סימן של תקווה - קשת בענן

...כאשר נח שט בתיבה, עם משפחתו וכל החיות הרבות מעל המים האין סופיים, שקע בתוכו צער עמוק, כי האדמה לא נראתה לנגד עיניו והוא לא היה יכול לחוש אותה. הוא התגעגע לעצים, לפרחים, להרים, לצבעים השונים ולריחות. במקום כל אלו הוא ראה מים וגלים אפורים. הרוח הנושבת ללא הפסקה זרתה לו מלח על שפתותיו, כך שהוא היה צמא כל הזמן והיה מוכרח לשתות מים. הרוחות העזות גרמו לכך שדמעות זלגו מעיניו ללא הפסק, מה שהוסיף עוד מים, למים שכבר זרמו מסביבו.

נח לא ראה מפלט יותר ופנה לבורא עולם, אשר ברא את הכל וצעק לעומתו: "מתי יבוא סוף סוף הקץ לכך? מתי אהיה סוף סוף עוד פעם מאושר?" ונח חיכה וחיכה. המבול המשיך לרדת, התיבה שטה הלאה על המים ונח המשיך להשתיק את צימאונו במים. אבל יום אחד הוא שמע מאחורי רעש הגלים ודפיקות הגשם קול אחד, שאמר:"נח, נח, מיד כאשר הסוף ייראה לעין, אשלח לך סימן – בצורת קשת בענן, לעשותך מאושר!"

מוסר השכל:

כשקשת בענן מופיעה בשמים, מסתיים מצב אומלל, ואושר יכול לתפוס את מקומו.

פתיחה

הספר נושא עמו בשורה לאנושות כולה, לא רק לקורבנות, לא רק לאלו שלא זכו בצדק במערכות הנקראות "משפט צדק עלי אדמות."

זוהי בשורה לכל המאמינים, לא רק לאלו המשייכים את עצמם לדת זו או אחרת.

זוהי בשורה לכל המאוכזבים, לכל אלו שהפכו מנפגעים לפוגעים, כי הם זועקים אחר נקמה ושילומים.

מכל אלו נדרשים הררי סבלנות, בטחון ואמונה, שהיצירה האלוהית הנקראת "אדם" הנה יצירה מושלמת הדואגת לשלימות פיזית ונפשית שאינה נזקקת לתחנות ביניים בדרך לאותה שלימות.

המתנה האלוהית הנקראת בלשוננו "אהבה" הנה התשובה לכל שאלותינו וספקותינו. אמונה שלימה בה תמלא את חיי כל אחד מאתנו ותזכה אותנו בצדק העליון.

רביו

"באמת?" שאלה האישה העדינה בזעזוע, תוך שהביטה בו ישירות בפניו. הוא דקר את מזלגו באטריות הספגטי הספוגים ברוטב גבינת גורגונזולה בחוסר ענין, גדשו וגרפו לתוך פיו. היא לא חשה בתוכו שום תגובה פנימית, לא בעיניו חסרות הנשמה, גם לא בהבעות פניו המאובנות. הוא לא הראה שום תגובה רגשית.

"זה נכון, איזבלה. אבי התעלל בי מינית."

אחרי כל בליעת אטריות, הוא סיפר על ילדותו, כאילו היה זה איזה שהוא דו"ח רפואי אודות חולה פדופילי סוטה, בו הוא טיפל בתור רופא. זה נשמע כל כך לא אמין. היא הייתה מוכרחה לבלוע אוויר, על מנת לדחוק כלפי מטה את הרגשת הבחילה העולה בתוכה. אחרי כל העמסת ספגטי לתוך פיו, הוא קינח באופן שטחי את פיו במפית, מבלי לשים לב שבין הזיפים, ששרדו לאחר גילוח גרוע, הופיע על סנטרו כתם בהיר. איזבלה קפאה במקומה ולא ידעה מה לומר לו. היא חשה רק הרגשת גועל. היא לא גילתה אומץ לספר לו על כך. קיפאונה, שהביא אותה לשתיקה, נבלע כליל בתוך הדיבור המונוטוני שלו. מבטה נתקע בקביעות על הכתם. האישה העדינה ניסתה להסיר את עיניה, חיפשה נקודת התרכזות בצלחתה, אבל לא הצליחה לנטרל את שמיעתה.

בשעה שאיזבלה התאמצה להדחיק את רגשותיה, היא חיפשה אחר רגשותיו. מסיפוריו

נפקד כל גילוי של רגש. היא חשה ריקנות במילותיו. דבריו מילאו את השקט בשעה שהם אכלו. מאוחר יותר איזבלה לא יכלה להזכר מה היא אכלה באותו ערב.

עם כל מבט איזבל חיפשה סימנים מרשיעים, הבעות פנים מנוגדות, מקווה שקולו יסגיר צרימה כלשהי, מחפשת נואשות אחרי ניגודים לקבלת אישור שהוא מסדר אותה. אבל ללא שום הצלחה. עמוק בתוכה היא הייתה בתחושה, שהגבר סיפר לה את האמת. קולו היה מונוטוני וחסר רגשות, כאילו ניתח את תוצאות הבורסה. היא תהתה ושאלה את עצמה בפעם הראשונה, האם זה היה נכון מצידה, לשבת עם גבר כזה ליד אותו שלחן.

למחרת הוא טלפן אליה על מנת לספר לה שסעודת האתמול השאירה בו הרפס. הוא האשים את רוטב הגונגונזולה בפצע, מה שנתן למילותיו דגש חזק יותר מאשר המילים שעברו דרך שפתותיו. דווקא ההרפס הזה יכול היה להביא לכך שאיזבלה תאמין לדבריו של קריסטיאן. בגלל שפתו הכעורה, היא מצאה סיבה לרחמים וצער. צרה העמוק עירפל את חושיה כל כך חזק, עד כדי כך שהיא ראתה בו רק את הנער הקטן הנזקק לעזרתה. ההרפס וצערה בגינו הפך אותה לאשה חזקה, המרגישה צורך להגן על הקרבן. רעדת שפתו המבחילה, גרם להלם שלה להיעלם. היא הכירה את האנושי בו, משום שהוא יכול היה להרגיש כאב וגועל. הוא התבייש בעצמו, שיש לו שפתה

כעורה ומשונה. זה הציג אותו בראייה שלה כגבר עם רגשות. מאז היא נפגשה אתו באופן קבוע.

ב-2004 כתבה איזבל ביומן האישי שלה:

היום סיפר לי קריסטיאן משהו, אשר קשה היה לי להתמודד אתו. הוא השאיר רושם של "איש העולם" ויחד עם זה גם של אדם שמרן ונאיבי. הוא סיפר לי הכל, פשוט הכל! הוא חשב שהוא חייב להסביר לי כי אני לא יכולה לתאר לעצמי את חיי הכפר. איך הכל חייב היה להיות מסודר ומובנה. איך כל אחד מכיר את השני וכולם מחזיקים באותה דעה. עם שמיעת הסבריו אלו עלה במחשבתי שהוא הזכיר פעם, שאינו מכיר היום אף לא אחד מ"העולם הישן" שלו!

כל פעם מחדש כאשר קריסטיאן סיפר לה אודות ילדותו. איזבלה עשתה מאמצים להבין אותו. היא חשה רחמים על קריסטיאן הקטן מהכפר. למרות זאת לא הצליחה להבין שאין בו שנאה לאביו. ילדותו העלתה בקרבו, למרות כל מה שאירע בה, רגשות של געגועים. איזבלה שמעה זאת שוב ושוב ולא אמרה דבר. פעם אחת היא שאלה אותו האם אינו חש במשטמה כלפי אביו, על כך הוא ענה "יש לי בחילה ממנו! אבל אני בדיוק כמו אבי." המשפט הזה היה הרישום הראשון, שאיזבלה כתבה ביומנה האישי. עד לרישום זה, קריסטיאן היה גבר, בעל חשיבות עבורה. נראה

היה לה שהוא מצד אחד מטריד אבל יחד עם זאת גם מעורר צער. זה היה הגורם להרבה רישומים שהיא רשמה ושמרה. כמעט בצורה כפייתית. היא כתבה את כל מה שהוא חווה והתנסה, באמונה שזה יכול להיות רומן ושאינו בכלל מציאותי. היא הייתה חצויה בין צער, סקרנות וחוסר אמון, היא חיתה בתוך סיפור בלשי, שהעלה בקרבה הלם ופחדים.

בכל זאת משהו לא נתן לה לברוח. אולי הייתה זו התקווה לסיום מאושר.

איזבלה צללה בעולמו של קריסטיאן. עם כל החושים היא רצתה להבין ולהרגיש אותו. היא ביקשה להכיר ו. אבל כנראה צללה עמוק מדי והגיעה לתחתית. כל זיק של תקוה להבין את קריסטיאן, נהיה לה כאוויר לנשימה. בחיפושיה היא שקעה עמוק בתוך ילדותו. כל מה שקריסטיאן גילה על עצמו, היא כתבה ביומנה האישי. היא החזיקה כל פרט מסיפוריו בכל כוחה. הוא היה הנער הקטן, שהיא רצתה להגן עליו. היא הייתה חובבת סיפורים רומנטיים, אשר פיתחה רגשות אימהיים. קריסטיאן היה פסיכיאטר, שידע מה הוא צריך לעשות על מנת לקבל את מה שרצה. איזבלה חיה בתקווה להבין את הכל, כדי לעזור לו.

מספר חודשים יותר מאוחר למדה איזבלה להכיר את רגשותיו האמתיים. רגע זה היה למעשה כהבזק חוזר בזיכרונה, שהשתחרר על ידי רוטב

הגונגונזולה, שנאכלה בשנת 2004 במסעדה איטלקית קטנה.

שלושים ותשע שנים קודם לכן:

לא רחוק מאד משם שכנה עיר קטנה עם אוכלוסיה של כ-9,000 תושבים, מוקפת ביערות, שדות חרושים ושדות אספרגוס. במרכז הרצועות הירוקות-חומות של הכפר התנשאה כנסיה, מסביבה גגות אדומים וקירות לבנים בולטים. הארכיטקטורה של הבתים שירתה למעשה רק את ההכרח ולא היה ניסיון בכלל להתאים אותה לטעם של הזמן. הכפר הקדום היה מבוסס על מסורת, על הרגלים, על ירושה ופה ושם גם על גילוי עריות. היה זה כפר רגיל, אשר הנו מוכר לכל אחד שכבר נסע דרך רחובות ריקים, כפר אשר כמעט לא היה אפשרי לחצותו ללא מפגש עם זבובים מזמזמים מסביב לצואת הפרות. בחגים כבר קרה שנהג היה חייב ממש להחנות את רכבו, כי מועדון הקליעה ערך מצעד של שעה דרך הכפר מסביב לארבע פינותיו.

בכל מקרה אנו עוסקים כאן בקן, שאף לא אחד נהנה לנסוע דרכו, כי חייבים היו לשפשף עם מברשת אחריו את הלכלוך הביולוגי מהרכב המבריק והנקי, כדי לגלות את צבעו האמיתי. עיר קטנה, בה כל אחד הכיר את השני או באופן כלשהו היה קשור אליו משפחתית.

שנות ה-70 המהפכניות, אשר הביאו אתם פתיחות, קבלת האחר ונאורות בהרבה ארצות מערביות והביאו אתם גלים של רגשות ואהבה, פסחו על הכפר הזה ומעט הצעירים שנדבקו במחלה הזאת, לא חזרו לעולם. אולי היה הכפר

פשוט מבודד ממירוץ הזמן. בכל מקרה היו צריכים לדאוג לדור הבא כדי שיהיו יורשים. לכך שירתו המפגשים המשפחתיים, חגיגות הכפר ומועדון הקליעה, אשר גם על חבריהם נמנו קרובי המשפחה. כל כפר ערך בסביבה פעמים רבות בשנה פגישות לחיפוש הכלה תחת המסווה של חגיגות עממיות. שם עמדו הגברים הצעירים ליד מכוניות חשמליות קטנות שהתנגשו אחת עם השנייה והבנות הצעירות חלפו מצחקקות לידם. מדי פעם זה הביא למפגש בשניים, כמובן רק לאחר שקיבל את ברכת ההורים משני הצדדים.

התושבים חיו בבתים נקיים עם גינות מסודרות לפני הבתים. הם לבשו בגדים שאפשר היה להציג אותם כמו את החלונות של בתיהם, אשר תמיד הבריקו כברק.

נער קטן

באותה עיר קטנה, שתושביה נטו לספר שקרים, כדי שהאמת לא תצא לאור, גר לו נער קטן. הוא הקשיב לשקרים שמספרים הגברים הגדולים. הנשים במטבח, הגדילו שקרים אלו של האחרים והוסיפו עליהם. הנער הקטן היה בן בית בהרבה מהבתים האלו, כי אמו נפטרה מוקדם. הוא היה רק בן שנתיים כאשר היא נפטרה מסרטן. מאחר והאב נאלץ לעבוד, הנער נשלח בתקופה הראשונה לבית יתומים. מאוחר יותר סיפר לו האב שכאשר הוא היה ילד קטן הוא היה חולה ובילה שנתיים בבית חולים. עם השקר הזה היה הנער הקטן מרוצה, כי כך הוא לא נחשב בעיר הקטנה בתור ילד מבית יתומים. נכות כזאת נחשבה בתור בושה בין התושבים.

כך גדל הנער הקטן עד לגיל של אחד עשרה שנים. הוא קיבל מדודתו ליזבט לחם עם חמאה כאשר ביקר אצלה פעם בשבוע. מדודתו ברטה הוא קיבל פרוסת עוגה עם ההוראות לאכול אותה מהר, כדי שמה שפחות פירורים יפלו על הרצפה. בכל מקום נפתחו המקררים כאשר קריסטיאן הופיע. אולי רצו למלא את פיו עם אוכל טוב, כך שהוא לא יוכל לדבר או להעמיד שאלות, עליהם אף אחד לא רצה לענות. כך קרה שקריסטיאן הקטן סעד בכל מקום. כולם שמחו שיכלו למלא את חובתם ללא קבלת תמורה לקטן היתום מאמו, משהו שיש לו חשיבות בחייו ושמחו בדיוק כך גם כשהוא עזב.

היכן שהוא לא היה, השקר הפך לו לאמת. הוא חש שהוא לא היה רצוי, גם כאשר כלפי חוץ כולם שמחו לראות אותו. מאחורי החיוך הראשוני התחבא לו תמיד חוסר סבלנות מודגש, כי אחרי קבלת הפנים מהר מאוד הוצגה לו השאלה "כמה זמן אתה נשאר כאן?"

קריסטיאן הקטן למד בדרך פשוטה לשקר, בגלל שהוריו אסרו עליו לספר את האמת. שקרים היו באופן כללי מותרים לספר, כאשר אחרים הציגו לו שאלות. להוריו אסור היה לו לשקר. זאת הייתה האמת של ההורים. מה שגרם, שאת השקרים שהנער הקטן היה צריך לספר, לא היה אפשר להבדיל מהאמת. הוא סיפר בכל מקום, מה שהגה בראשו באותו רגע.

העיר הקטנה שכנה ליד יער מעורב. יער אגדתי של פייה קוסמת, שהזמינה נערים למשחקי אינדיאנים ונערות קטנות לחלום. היער הזה היה לקריסטיאן מוכר כמו הדשאים מסביב ושדות התירס. הבית שבו קריסטיאן גר עם אביו ואשתו השנייה, שכן בקצה שדה, ממנו הוביל שביל ישירות לתוך היער. מחלונו הוא היה יכול לראות את העצים הצפופים ולצפות בבקרים לעתים קרובות בזריחת השמש. בחורף הענפים הקפואים הציגו לראווה את הצבע המנוגד היחיד לעומת השלג הלבן.

מיד כאשר הוא ראה באביב את הניצנים הראשונים, הוא שמח כל כך, כי עוד מעט יוכל לשחק מחבואים, כדי להימלט מאמו החורגת.

הזדמנות להחביא את עצמו. אבל החורף היה ארוך יותר ממעט הימים השמשיים, בהם הנער יכול היה להיות בחופש.

בגיל שש לאחר שסבל מאמו החורגת מזה שנתיים. הוא היה חייב לכנותה בצורה חביבה "אמא". אבל אהבת אם אמתית הוא הכיר רק מסיפורי הילדים האחרים. לו זה היה זר, ו"אמא" הייתה עבורו רק כינוי. היא קצרה את שמו מקריסטיאן לקריס. כל בוקר היא הורתה לו, שקריס צריך לקום, שקריס צריך להזדרז, שקריס יעשה קניות אחרי בית הספר ומה צריך קריס עוד לעשות.

לשחק הוא הצליח רק לעתים רחוקות. לעומת זאת הוא השתפר בביצוע מטלותיו וסיים אותן בצורת משחק, בדמיינו לעצמו, שהוא משחק את משחקם של המבוגרים.

במלאות לקריסטיאן שנים-עשר חש, שהוא עצמו היה צריך להיות נשוי לאמו החורגת במקום אביו,

כי למעשה הוא שדאג לה לכל דבר. תפקיד אביו היה להרוויח את כסף שקריסטיאן הוציא עבור אמו החורגת כאשר רכש את המצרכים עבורם. אביו חזר מהעבודה, אכל ללא הערות, התיישב שותק ליד הטלוויזיה, ראה את החדשות ואחר כך ירד למרתף על מנת להמשיך לעבוד. הוא תיקן מכשירים חשמליים עבור השכנים, ששלמו לו מעט כסף בתמורה, כך שהוא היה צריך לקחת תמיד יותר עבודות על מנת למלא אחר

חלומותיה של אשתו. היא רצתה שיהיה לה בית יפה יותר. היא רצתה לעשות רושם על האחרים שכאן גרה משפחה מאושרת. חלומה הפך לאשליה. המציאות השונה הביאה אותה למצב דיכאוני. היה לה רק את כוח לשמר את המציאות המדומה.

בבית המשפחה, היו למעשה שלושה חדרים שבהם היתה פעילות. המטבח היה הממלכה של האם החורגת. לקריסטיאן היה חדרו, משם יכול היה לראות את היער ולאב היה חדר עבודה במרתף, בו בילה את מרבית זמנו.

שבועות מעטים אחרי יום הולדתו השלושה-עשר, הציצה השמש לתוך חדרו. זה העיר בו חשק לעשות את מה שהוא אהב ביותר. ללכת לתוך ביתו הירוק. ליער שלו, שהציע לו הכל, מלבד לחם עם חמאה. לפעמים הוא פגש שם ילדים אחרים, אותם הכיר מבית הספר. אשר רק לעתים רחוקות שחקו גם אתו. קריסטיאן לא הבין מדוע הילדים האחרים לא שחקו אתו. לפעמים הם הקניטו אותו, בגלל שם המשפחה שלו. מקריסטיאן שפיגלר הם עשו שפיגל עי (ביצת עין). קריסטיאן פשוט לא היה קיים עבור הילדים האחרים. חבר אמתי הוא לא מצא בילדותו. אולי הסיבה היתה שהוא כבר הרגיש את עצמו בתור גבר של ממש, כי היתה לו הרבה יותר אחריות מאשר לילדים בני גילו. לא היה לו למה להשוות. אם היתה לו פעם אחת מחשבה נדירה הוא חלק אותה עם העצים האילמים. העצים, העלים והענפים הרבים היו לו לחברים

למשחקים. כאשר הוא נכשל, היה זה בשל שורש שעמד בדרכו.

בבוקר יום הולדתו השלושה-עשר אביו לא הלך לעבודה, כי היה בחופשה. הוא גם לא ירד למרתף, מה שכדרכו עשה כאשר זמנו היה בידו. האב שאל אותו אם הוא לא רוצה ללכת אתו ליער.

קריסטיאן הרגיש שהוא צריך לשמוח על כך ואמר "נהדר, אבא, אני מאוד שמח." אבל בתוכו הוא התפלא על השאלה, כי עד אז הוא אף פעם לא קיבל מאביו תשומת לב כלשהי. הוא רצה לשאול, מה השתנה? אבל העדיף לשתוק, כי הוא היה צריך להראות שהוא שמח על כך. קריסטיאן לא נתן לספקות להטריד אותו כי הם יכלו מהר להיהפך לפחד.

הוא קיווה שאביו היה פיכח, כי הזיכרונות שלו העלו במוחו מצבים נוראים, כאשר אביו היה שיכור כשבא הביתה. אביו השתקן, נהפך לדברן כאשר אידי האלכוהול נתנו לו להרגיש כמה פיקח הוא. האלכוהול הביא אותו להעמיד שאלות רעות, שאלות לא נעימות כדי לעשותו מגוחך, מה שהצליח בקלות. שאלות בקשר לציוני בית הספר של קריסטיאן, על חברים שלא היו לו, למרות שידע שאין לו חברים. השאלה הגרועה ביותר שלו הייתה מדוע הוא אינו גדול כמו הילדים האחרים בגילו.

הוא קרא לבן השלושה-עשר לעתים קרובות יותר "מאונן". הוא אמר בטון שקט "אבל אבא," אך

מיד הוא הופסק באמירה מאביו "כן אתה מאונן, אינך יודע דבר." בתור צעיר חלש ולא בשל, הוא לא יכול היה להתנגד. למעשה הוא לא רצה להתנגד, כי הוא הבין, שבמריבה עם אביו הוא ייצא עם ידו על התחתונה.

ביער האגדות

אב ובנו הלכו ליער. זה היה טיול אטי. האב סיפר על עבודתו ועל אביו, שקריסטיאן כסבא לא הכיר, כי הוא מת עוד לפני הולדתו. הסב לא היה גיבור מלחמה. אבל הוא הוצג ככזה, כי הוא נפל במלחמה. הגיבור היה בדרך לשירותים ואז נפגע מפצצה. בעיני קריסטיאן זה לא הפך את סבו לגיבור, אלא לאדם שרצה ללכת להתפנות והיה חסר מזל. אבל הוא שמר זאת לעצמו. בעיני אביו הפך סבו לגיבור, כי הוא העז ללכת לשירותים למרות שהייתה סכנת הפצצה. הסיפורים, ההקשבה והרבה צעדים הביאו את האב והבן לתוך היער .

הם צעדו על העלים המרשרשים ועל העובש היבש שלמרות היובש נתן ליער ריח מיוחד שאותו אפשר להריח רק ביער עלים, מעט לחים ובכל זאת טריים. קריסטיאן היה צריך ללכת עם אביו בשביל המסומן. השביל שהאב הלך כבר עם אביו, כאשר היה חייב ללכת דרך היער על מנת להגיע לכפר הקרוב. השביל הזה הוליך ישר דרך היער שקצהו נראה כבר מהתחלת השביל. בכל זאת היה המראה מרחוק מתעתע. קרה כבר למספר מטיילים נראה השביל קצר יותר בציפיותיהם מאשר היה במציאות.

כך הביט קריסטיאן ביום הזה על סוף השביל וקיווה שסופו יתקרב לו מהר יותר. הייתה לו הרגשה של שעמום. הוא נשם עמוק, בשעה שהוא סובב את ראשו אחורה כדי לראות אם

הבית עדיין נראה בעין. הוא עדיין ראה את גג הרעפים האדומות. חלונו, ממנו יכול היה לראות את היער, נעלם כבר מאחורי זהבם של שדות החיטה. כאשר קריסטיאן החזיר את מבטו קדימה, הבחין אביו ואמר, שאינו צריך להתגעגע הביתה, כי אביו נמצא אתו. אביו שתמיד יהיה שם בשבילו, גם כאשר החיים עצמם ישתנו. קריסטיאן התפלא אודות ההערה הזאת, אבל נשאר אילם. הוא הביט אל צמרת העץ. בשל התנועה הזאת יצאה חולצתו אל מחוץ למכנסיו. האב שם לב לכך עם חיוך מלוכלך ומבט שהיה מכוון לטבורו, שהיה נראה להרף עין בלבד. בהרגשת בושה משך קריסטיאן את חולצתו למטה, שלמרות המאמצים לא נהייתה ארוכה יותר, כמו שקיווה. אז תפס האב בפרקו של קריסטיאן ואמר, שזה יהיה יותר מעניין, לחפש באמצע היער ערמונים.

עם המילים האלו נעלמו האב עם הבן בתוך יער העלים, מתרחקים יותר מהשביל שהוביל עד לכפר הקרוב. בעומק היער לא היה אפשר לראות את השביל. למרות שקריסטיאן נזכר שבתקופת השנה הזאת לא יכולים להיות ערמונים, אביו לא נראה כניתן לשכנוע לשנות את דרכו חסרת המטרה.

האב המשיך לאחוז בפרקו של קריסטיאן. הוא העיר: "הסתכל, שם יש ספסל, עליו אנחנו יכולים לנוח מעט." הוא משך את הנער אל הספסל, אשר מושבו היה כל כך מלוכלך מצואת

ציפורים, עד שקריסטיאן היסס בגלל הרגשת הבחילה בתוכו.

אביו משך אותו, כך שהוא הוכרח להתיישב. הם שתקו. שניהם הביטו לתוך חלל האוויר. תזוזה קלה של הספסל ציינה שהכבד יותר משניהם זז מעט. מבטו של האב בהה דרך הנוף. הוא פתח את מכנסיו באנחה שקטה, פיסק את רגליו מחדש, הרים את ישבנו מעט למעלה, כאשר הוא מתכופף מספר סנטימטרים קדימה. קריסטיאן הפנים את מה שקרה כצופה מהצד. הוא קפא במקומו. האב משך אותו אליו. בהתחלה הוא לקח בידיו את פרקי ידיו של קריסטיאן, כך שהנער הקטן הוכרח לעמוד. אז תפס וחיבק האב עם ידיו הגדולות את מתניו הרכים של הבן.

המעשה המשיך ללא שקריסטיאן הוציא אפילו הגה מפיו. מספר שניות אחר כך חש קריסטיאן בלחץ מאחוריו. ערלה כיסתה וחנקה את נפש הילד תחתיה. זרימת הזרע החזירה אותו למציאות. קריסטיאן המשיך בשתיקתו. הוא חש בתוכו ריקנות.

בצעדיו הוא חש במשהו חמים שנספג במכנסיו. קו דק ואדמדם הסתיים בנעלו הימנית. הגרב ספגה את הדם. הרגשת כאב צורבת הביאה געגועים הביתה. ככל שצעדיו היו גדולים יותר, החריף הכאב בצעדיו. בשביל הביתה הוא ראה את השדות. עם מבטים מבולבלים קריסטיאן חיפש מאחורי השדות את הגג האדום של ביתו.

הוא רצה להגיע מהר הביתה. הוא חש רק את הלחץ להגיע הביתה. צעדים מהססים הביאו אותו לשם. הוא ראה אותו ממרחק, את הגג האדום, אדום כאש.

בראשו שלטה הריקנות. הוא הגיע לבית הוריו, מיהר שותק לחדרו. ללא רגשות הוא חלץ את נעליו, הוריד את גרביו, מכנסיו ותחתוניו. הוא החביא אותם באדישות מתחת לכרו. הוא נעמד באמצע חדרו. באופן ספונטני הוא בחר לא להתיישב. גופו המשותק לא אפשר שום תזוזה, אשר הייתה נותנת לו לחוש את הכאב. כאשר צלצלו פעמוני הכנסייה שעה שבע, עלה פחד בתוכו וליבו דפק בקרבו. הרגשת הבושה שלו החריפה את הפחד לרמה של בהלה. סוג של בושה אשר נולד דרך הזעם. קריסטיאן היה מבויש מפני זעמו.

הוא הושיט ידו לתחתוניו המשוחות בדם וחיפש מקום מסתור חדש. הוא מצא קופסת פח ישנה, בה הוא אסף בעבר את חיילי הפלסטיק שלו. עם כל פתיחה אונס נוסף הוסתר. עם כל סגירה של הקופסה נעלמו גם זיכרונותיו. בערב הוא ישב ליד השולחן ואכל את פרוסת הלחם עם החמאה עם ממרח כבד, בלי להרגיש שום טעם. הוא העמיד את כפות רגליו חזק על הרצפה, כדי שישבנו, יהיה משוחרר בזמן הישיבה. חלק גופו העליון היה מכופף קלות קדימה. אחרי שסיים לשתות את כוס הלימונדה, הוא הלך לחדר הרחצה.

הוא צחצח את שיניו עד שהחניכיים דממו, אבל לא חש דבר. כאשר עמד לפני קערת הרחצה, שמע את הוריו בחדר השינה. רעש המיטות נתן להבין, שכל אחד התרחק לצד שלו במיטת הזוג. רשרוש של המיטה הישנה שהייתה שייכת עוד להורי האב ושמשה רק למנוחה בתנוחה של מת קפוא.

אז, כשקריסטיאן היה כל כך קטן, כך שהוא יכול היה לשים את מרפקיו על שלחן הלילה, הסבירה לו האם החורגת במילים בלתי נשכחות אודות סידור מיטה, "תסתכל בדיוק לכאן, קריסטיאן. אתה צריך למתוח את הסדין כך שמשולש יכסה מעבר לפינה. היום סדינים עם גומי הנם מודרניים. הם נוצרו רק עבור נשים עצלות, שכל היום שוכבות במיטה ולא עושות כלום. אני שייכת עדיין לדור, אשר הרוויח ביושר להיקרא עקרת בית. הנשים הצעירות חושבות שהן יכולות עם ציפורניים ארוכות לנהל חיי זוגיות טובים. האמת היא, שלא אורך הציפורניים קובע את אורך חיי הזוגיות, אלא האורך של הסדינים. הן צריכים לכסות לפחות עשרים סנטימטרים מעבר לפינת המזרן, כך שהסדין יהיה חלק ומתוח כמו טרמפולינה."

קריסטיאן נשם עמוקות ומחשבה ראשונה חלפה דרך ראשו. מחשבה, שבעצמה תיקבע ותשפיע על חייו. מדוע היא לא פתחה את רגליה? השאלה הזאת נגסה ברגע זה בחייו, כמו השוק אשר לקח ממנו את הרכות והעדינות. מנקודת זמן זאת שמע קריסטיאן לכל מילה של אביו.

הוא לא העמיד אותו אף פעם אחת בספק, גם לא התווכח אתו. מה שהאב דרש נעשה, מה שהאב אמר, היה נכון.

ליום הולדתו החמישה-עשר קריסטיאן רצה לקבל מכנסי בוקסר במקום תחתוניי כותנה. "מה?" צעקה האם החורגת, "אתה מתכוון למכנסיים האמריקאיות שיורדים עד הברכיים?" "הם לא מחזיקים שום דבר חזק. תחתונים צריכים להיות מאיכות טובה ותרבותית!" מהמרתף נכנס קול חודר דרך המדרגות: "תני לנער, מה שהוא צריך. הוא כבר גדול בשביל משחקי הילדים." האב פקד והשאיר את אשתו פעורת הפה לבצע. מכנסיי הבוקסר החליפו אחד אחרי השני את תחתוני הכותנה. מאז השינוי בסטייל הוא לא היה צריך יותר לפתוח את קופסת הפח. מאז פתח את הקופסה בפעם הראשונה חלפו שלוש שנים וחודשיים. קריסטיאן החליף את בית הספר. הוא הצליח להתקבל ללימודים בגימנסיה. בגיל שש עשרה הוא עמד עם תלמידים בני שלוש עשרה ואפילו בני שנים עשר בהפסקה בחצר בית הספר. זה היה אירוע רועש. רוב התלמידים עמדו ביחד בקבוצות.

אף אחד לא רץ בחצר בית הספר. הוא לא מיהר, אחרי הכל, הוא היה התלמיד המבוגר ביותר בחצר, שמבחינה מנטלית הנו מוכן לתפוס את מקומו בחברה הטובה יותר. קריסטיאן היה חסר אוריינטציה, בתקוה למצוא חיבור בתוך החצר. בתוכו הוא קיווה שההפסקה תסתיים במהרה, שאז ימצא את מקומו על ספסל הכיתה

עליו ישב. עם עיניים מחפשות. ראש מעט מכופף הוא חמק דרך ההמון. עבר את קבוצת התלמידים הצעירים, שהיו קטנים כמוהו. קריסטיאן לא צמח מאז מלאו לו שלושה עשר. ילדי כיתתו לא שמו אליו לב, כי הוא עדיין לא היה שייך. השיוך נעשה לפי חיצוניות כמו בגדים יקרים או שם ההורים. נלוותה גם ההתנהגות הגאוותנית, הפרימיטיבית של הגברים הצעירים, בפיתוח יכולותיהם בתור מתחרים בחצר בית הספר. קריסטיאן שם לב, שהוא גם לא שייך למעמד הסוציאלי הגבוה והוא לא יכול להשתתף בתחרות. בכל המובנים הוא לא היה בוגר.

בשעה שאכל את לחמו, הוא הביט מסביב בביישנות וניסה להחביא להעמדת פנים שהוא שקוע במחשבות. לפתע הוא שם לב לנערה אחת שהלכה דרך ההמון, בכיוון אולם ההתעמלות. הוא עקב אחריה למרות שאת פניה לא ראה. מבטו התרכז על שערה הכהה, הארוך והמבריק ועל רגליה שנראו קצרות משלו. בידה האחת היא הסיטה לעצמה את השערות מהפנים. באותו רגע היא הפנתה את מבטה אחורה. כאילו שמעה מישהו קורא לה. היא הישירה את מבטה לכיוון קריסטיאן, הסתכלה לו בעיניים וחייכה. קריסטיאן הרגיש לרגע, שייך. הוא זכה בחיוך תמים מתוך נשמתה שהיה טהור כמו תינוק שרק נולד, הרואה את האנשים כמות שהם. נשמות ללא אשמה, שזכו בקבלת חיוך מלא חיבה. מבטיהם חצו את הג'ונגל של התלמידים המבלים בהפסקה. נראה לו שמבטים אלו חייבים היו לעבור דרך האור של כוח עליון

ולהתחבר יחד, אחרת הם לא היו אמורים להיפגש בתוך ההמון.

מהלך חייו של קריסטיאן השתנה. בהפסקות הוא חיפש אותה בכל מקום. הימים חלפו להם, אבל הוא לא מצא אותה. כל ערב לפני שנרדם, הוא ראה לפניו את מראה פניה, את החיוך הזה, שעשה אותו מאושר. ביום שלישי אחד הוא ראה אותה שוב. הוא החליט לעקוב אחריה כדי לגלות היכן היא גרה. הוא רשם את כל השמות שעל פעמוני הדלתות הרבים, בתקווה לגלות את שם משפחתה. הוא התחיל לחקור. מאחר ולא היה לו שום קשרים בבית הספר, הוא פיתח אסטרטגיות, לעזור לו לקבל יותר אינפורמציה. אחד הטריקים האלו חייב היה לעזור לו לוודא את שמה .

כדי לא להיאלץ לדבר אתה ישירות, הוא עקב אחרי אחת מחברותיה. קריסטיאן החזיק עט נובע בידו.

הוא דיבר אליה ואמר, שהוא ראה שחברתה עם השערות הכהות, אבדה את העט. הוא רצה להחזיר לה אותו באופן אישי, כי העט נראית יקרה. העובדה שקריסטיאן גנב את העט היקר, כדי לייצר אמתלאה, נמחק מזיכרונו. קריסטיאן עשה הכל על מנת להגיע למטרתו. אפילו גניבה. שמה היה רבקה פרידמן שחייה באותו זמן אצל סבתה, ששם משפחתה היה רוזנשטיין. קריסטיאן שאל בתעוזה אודות המצב, מדוע חיה רבקה אצל סבתה? היא ענתה לו ספונטנית שהוריה בישראל בתהליך גירושין. החברה

סיפרה לו גם שרבקה למעשה גרה כאן כי היא לא אמורה לחוות את תהליך גירושי הוריה.

קריסטיאן רץ עם האינפורמציה הזאת הביתה. הוא היה מרוגש בגלל הצלחתו, עד כדי כך שלא היה יכול לעכל את ארוחתו ומיהר לחדרו. הוא לקח דף נייר יקר וניסה לכתוב את מכתב אהבה הראשון שלו. ממכתב נהייה שיר:

לילות רבים ללא שינה שמרתי, כדי לחלום עלייך,

הם מחזיקים ערים את רגשותיי אלייך ולא יירדמו.

חלומותיי הם אין-סופיים, כמו הימים, בהם אני אותך לא רואה.

יום אחד הם יסופרו לאחרים,

הלילה הבא, יבוא לאחר היום הארוך, ויסתיים אשר בחלום.

בחלום אתך, שבו היום לא עוד ייפרד מהלילה.

שעות רבות אחרי שהוא סיים הוא קרא אותו פעם נוספת, כדי למצוא ולוא את השגיאה הקטנה ביותר. היו אלו שורות, שיכלו להכתב רק על ידי מישהו מאוהב. עברו הרבה לילות ללא שינה בהן הוא שכב ער, כדי לחלום עליה. הוא תיאר את געגועיו וחש שמשאלות ליבו יצרו אצלו פחד.

פחד שעד עכשיו לא היה מוכר לו, התקבע בתוכו. הוא חי בעולם מחשבות, מרוחק מכל מה שעד עכשיו נראה לו חשוב. מחשבות, שנקבעו רק דרך רגשותיו, רגשות שהביאו עליו פחד. הפחד מדחייה התגבר על התקווה פעם אחר פעם, עד שנוצר בו ספק, אשר נחבא מתחת לפחד. הפחד מהתגובה היה כל כך בלתי אפשרי שהוא החליט, לשלוח את המכתב רק ימים ספורים לפני חופשת הקיץ. את חמישה עשר הימים האלו הוא עוד יוכל לסבול.

שלושה ימים לאחר שהמכתב נשלח, הוא בדק פעמים רבות ביום את תיבת הדואר, גם כאשר הדוור כבר היה במקום. אחרי חמישה ימים הוא מצא מכתב מונח על מיטתו. ליבו דפק אחרת מתמיד, באותו רגע. אבל הוא ראה שהוא מחזיק את מכתבו שלו. על המעטפה היה כתוב שהנמען עבר דירה. הוא נפל על המיטה ובכה. קריסטיאן לא רצה לאבד את חלומו היחידי. כך החלה התעניינותו ביהדות. הוא קרא ספרים, ביקר בבית העלמין היהודי, שאל אנשים מבוגרים באם ידעו משהו על היהודים. קריסטיאן לא הזניח אפילו מקור אחד של אינפורמציה. את הכתבה האהובה עליו ביותר מצא במדריך טיולים אודות ישראל, בו היה תיאור נפלא של המצדה. הוא גילה שמצדה היא מילה בעברית שמובנה הנו מאחז. תמונות רבות אפשרו לו לראות טוב יותר את הכל בחלומותיו. מצא חן בעיניו להשוות את אהבתו לרבקה עם החומות שלא אפשרו נפילה. לאהבתו הראשונה אסור להיעלם.

הוא החליט שיום אחד הוא יטפס על ההר, עליו נבנתה מצדה, יחד עם רבקה, ושם יציע לה נישואין.

בדרך לבחינת הבגרות ובמטרה להתחתן עם רבקה, התעוררה בו אמביציה, לרצות לנצח בקרב ולהתקדם בחיים. קריסטיאן פיתח את כישרונותיו כל כך עד שהיה מסוגל להעתיק מהמחזקים, העשירים והפקחים ביותר בין חבריו ללימודים, לאמץ את אישיותם ולהגיע להצלחות הגדולות ביותר. לכך היה שייך בין היתר, גם לבושו של קריסטיאן ותספורתו, המילים בהן השתמש, שפת גופו, שעברו שינויי התאמה. האגו שלו הכיל למעשה את הרצונות, להיות הטוב ביותר ולהגיע למעלה. לא היו גבולות בדרך לשם. היו רק דעות של זרים, אשר הוא אימץ בתקווה שבדרך זו הוא יהיה הטוב ביותר. הטוב ביותר יהיה מוכר דרך ההתעניינות שתוענק לו על ידי האחרים. המאבק על תשומת ליבם של האחרים, הוביל עוד פעם למאבקי קנאה בין יריבים, אשר רק הטוב ביותר היה יכול לנצח בו, עד שקריסטיאן קיבל הכרה כטוב ביותר. אישיות כזאת נהפכה להיות חלק אינטגרלי ממנו. בדרך זו הוא הגיע להחלטה ללמוד רפואה. כי הוא מצא שהרופאים שייכים לאהובים, לעשירים וליפים בגברים. לכן הוא השקיע את כל כולו בלימוד המקצוע. מאחר והוא לא הצליח להתקבל עם ציוניו, הוא נעזר בטריקים בהם היה מיומן, לקבל מקום על ספסל הלימודים .

באותו זמן הוא הכיר את חברתו הראשונה שכמובן אי אפשר היה להשוות אותה לאהבתו הראשונה. אבל היה לה יתרון, כי הוריה היו עשירים. מה שהיה יכול לאפשר לקריסטיאן חיים טובים יותר, באם הוא יינשא לבתם. לקריסטיאן היה קל לחיות עם הפשרה הזאת. הוא העניק את רגשותיו לחלום. זה לא הפריע לו להינשא לאשה אשר לא אהב. זה נעשה במסגרת הרחבת אישיותו. הם התחתנו עוד באמצע הלימודים. קריסטיאן הקדיש את עצמו ללימודים.

מחלתו הייתה מצב מיוחד שהפך לציון דרכו. את המחלה הוא מצא בעצמו, באמצע סמסטר אחד, בה הוא למד אורולוגיה בתשומת לב מלאה. מקצוע זה קיבל תשומת לב מיוחדת, כי זה נגע ישירות באברי המין שלו. הוא מישש את אשכיו, כי הוא למד איך מגלים גידול. וגילה שם קשר. מספר שעות אחר כך קריסטיאן ישב בחדר בדיקות מרוהט בצנעה אצל אורולוג אחד. כיסא בדיקה שחור שאפשר למצאו אצל רופאי נשים, עם שרפרף עומד לפניו, אשר מאפשר רק ישיבה קצרה, כי הרגליים בגובה הישיבה מאיימות להירדם והגב המכופף מראה על יכולת נפילה של החלק העליון של הגוף למצב של סנטר-ברך, אשר הפך כמעט כל אורולוג למקרה חירום של אורתופדיה. למזלם של הרגליים הגבריות הבטיח השרפרף רק בדיקה קצרה. על הקיר היה תלוי שעון, שהניח לזמן לעבור לאט לאט, כמו שמחכים בפקק תנועה.

על הקיר השני היה תלוי פוסטר ללא מסגרת, נעוץ על ידי סיכות צבעוניות. הכחול המבריק לכד את העין. רק במבט שני ניתן למי שמכיר להבחין בהר מיוחד במדבר הישראלי. קריסטיאן זיהה מיד, שזה לא תמונת פנורמה רגילה, אלא של המצדה. מיד כאשר הרופא נכנס לחדר, הבחין הרופא במבטים של קריסטיאן ואמר, תוך כדי כך שהוא התיישב על השרפרף לפניו, שהתמונה היא של מצדה, המאחז של הורדוס. ליבו של קריסטיאן קפץ. מחשבותיו אודות הגידול עזבו אותו. קריסטיאן ירה את השאלה, אם הוא היה שם. בחיוך אמר האורולוג שהוא למעשה ירש את המרפאה כמות שהיא מהרופא לפניו. קריסטיאן הקשיב לו מתוח. כאילו שהוא תכף יגלה משהו אודות רבקה. במקום זאת הוא שמע שיעול ואחריו קול רציני. קריסטיאן שמע את המילים "גידול" ו"ניתוח", אבל חשב באותו רגע איך יסביר לרופא שהוא רוצה להתפטר מהערלה. אז באה לו הרעיון לאמר שערלתו יכולה להפריע לו כאשר יטפס על הרים. היה לו מספיק ידע על יהדות שהוא חש שהוא חייב להעז לעשות את הצעד הזה, במסגרת השגת מטרתו. קריסטיאן הרגיש שהיתה סיבה למצוא את הגידול הזה. הגידול היה רק הדחיפה שתביא אותו לרבקה ותנהיג אותו למצדה. הוא המציא שקר על מנת לשכנע את הרופא להרחיק את הערלה בזמן הניתוח. הרופא נתן לעצמו מהר להשתכנע, שמסיבות של היגיינה צריך לנתח את הערלה. אחרי הכל, קופת החולים שלמה עבור התוספת הקטנה

בכסף טוב. "מר שפיגלר, זו אינה בעיה, כמובן שאנחנו נסיר את הערלה בזמן הניתוח!" "הניתוח הזה הוא כמו לקנח את האף בזמן התקררות חזקה!". עם המילים האלו שצלצלו באופן מצחיק, לחץ הרופא את ידו של קריסטיאן בחזקה, להפגין שהוא נמצא בידיים הטובות ביותר. אבל ביטחונו של קריסטיאן התערער בעקבות הבדיחה הגרועה של הרופא. הוא הרגיש את עצמו נחות וירוד. אבל המחשבה שהסרת הערלה תפתח את הדלת למצדה, אפשרה לו להדחיק את הזעם הגואה בקרבו. כך הוא השתכנע שקינוח האף, הוא הצעד הראשון לבמת המנצחים.

קריסטיאן היה מתוח לקראת הניתוח. הוא לא היה מוטרד בכלל באם הגידול יכול להיות סרטני, או שהוא לא יוכל להביא ילדים לעולם. לא, הוא היה מאושר לדעת שערלתו תוסר, כך שהוא יוכל לטפס על המצדה עם רבקה. קריסטיאן התעורר בהרגשת יובש בפיו. היובש בפיו היה יותר חזק מכאבי הפצע שהרגיש בשק אשכיו. בשעה שחיפש נוזלים, הוא נגע בידו בשק האשכים ובאבר מינו. הוא חש בתחבושת שהייתה קצת לחה וחמה. הנגיעה לא אמרה לו דבר בקשר למצב החלקים המנותחים. עם ההרגשה שהכל עבר בשלום, חזרו מחשבותיו למדבר הישראלי, היכן שהוא יפגוש שוב את רבקה. דמות גדולה נכנסה לחדר. חלוק לבן הקיף את הגוף העגול, שדמה לחבית. מעליו היו פנים שעורם המזיע והאדמדם הבריק. את התיסכול פיצתה פיטה הנאה מאוכל. הפנים היו

מוקפות שיער קש אפרפר. העיניים התחבאו מאחורי הגבות נראו כמו קורות, דומים לאלו שמדביקים בתמונות של המשטרה. היא נלחמה לקבל אוויר. מילותיה, שמחוסר האוויר קוצרו, נתנו לקריסטיאן להבין שהוא אמור לתת שתן דחוף. זה היה נורמלי לאחר ניתוח. קריסטיאן הריח את ריח הזיעה החריף שנדף מהאחות כאשר היא סילקה את שמיכתו לצד, בהחזיקה את בקבוק השתן לפני אבר המין שלו. נשימתו של קריסטיאן נעצרה, כי הוא חשב ברגע זה על רבקה. היא צריכה לראות את אבר מינו ללא ערלה. אבר מינו הזדקף. האחות הייתה מופתעת. היא נהייתה אדומה. התפרים על אבר מינו נקרעו. כאביו נעשו בלתי נסבלים. חוטי הפלסטיק הכחולים החליקו דרך העור הרך כמו סכין העובר דרך חמאה רכה. הצלקות נראו גם לאחר שנים. הוא כבר לא חשב על רבקה. הצלקות נהיו חיוורות כמו ציור שמן ישן, אשר צבעיו חיו חיים משלהם מתחת לשכבת ניקוטין צהובה ושמנה.

השנים עברו עם האישיות שאימץ לעצמו, כאשר הוא בתור פסיכיאטר עובד במרפאה שהוא עצמו מנהלה ובעליה.

השעון מראה שיום חדש הפציע

הוא ביצע את עסקיו מדי בוקר, בכך שהוא עמד ברגליים פסוקות לפני אסלת השירותים. אבר מינו חגג מוחזק מעל ושחרר את עצמו מזירעונים חסרי פוריות. לאחר שנפרד מהם באנחה שקטה, והשתין על עתידו. יום אחד הוא תפס את עצמו בכך, שלאחר האנחה השקטה, בשעה שהוא צפה מלמעלה על הפסדו, הוא חשב על בתו. הוא ניסה להיזכר על רגעי ההפריה של ילדו, אבל לא עלה בידו להיזכר אפילו על פעם אחת בה הוא קיים יחסי מין עם אשתו. יחסים כה משמעותיים, כי יצור כה נאהב כמו בתו נוצר ממנו.

קריסטיאן חגג את הולדת בתו, מאחר והפרה אותה עם אשך אחד בלבד, כאילו זה היה נס רפואי מלא. אפילו חברו היחיד, הטוב ביותר, לא ידע שקריסטיאן חלה בגידול לא סרטני בו איבד אשך אחד, כבר בשנותיו הצעירות.

שניהם עמדו ליד הבר. בר סטודנטים אחד מני רבים. ברי סטודנטים היו פשוט חלק מהרגליו, שהוא לא יכול היה להפסיקם. לאחרי מספר משקאות קריסטיאן השתחרר ונהייה ממש דברן בספרו לחברו, שאינו יכול לתאר לעצמו להיות אביה של תינוקת כל כך יפה. אולי בגלל ספקותיו עקב האשך שאבד. הערב נמשך בשיחות רדודות והאלכוהול זרם הלאה עד שהביא אתו שכחה.

השעון המעורר החזיר את קריסטיאן לחיים. הוא השתוקק לא להשתיקו, אלא להרסו. עם ראש מתפוצץ, שהשכיח ממנו את השעות הקודמות, עם קיבה, אשר שינתה את מקומה האנטומי ונשבה לאפו את הסירחון החזק ביותר, כאילו פרצופו נפל לתוך אסלת השירותים. ברוקנו את קיבתו, הוא החזיק בידו הימנית מגבת ישנה שהכין בערב הקודם, ממנה הוא יוכל להפטר באם כתם ישבש את הלבן האחיד. מיד כאשר הקיבה הפסיקה לכאוב, הוא שלח את ידו השמאלית רטוב בזיעה קרה לשני אספירין, שהוציא גם כבר בערב הקודם מהאריזה והניחם לצד הספל, שמילא בכל בוקר עד החצי. הוא התנצל במחשבותיו בגלל שבלע שניים יותר מתמיד. לאחר הכל זה היה מקרה חד פעמי. כי אפילו אם אשכו היחיד איפשר עוד הפריה בקלות, הוא לא היה מסכים לכך.

מאז הולדת בתו ליזה ישנה אשתו בחדר הילדים על מזרן גומי מלא באוויר ליד מיטת הילדה. לפעמים היא השכיבה את הילדה לידה וכרית בין התינוקת לקיר. הוא נכנס בשקט לחדר השינה המשותף. למרות שאשתו לא הייתה נוכחת בחדר, הוא התנהג כאילו היא ישנה בשקט בצד השמאלי של המיטה. בדרך כלל היא שחררה קול צפצוף דרך שפתיה, מיד כאשר היא חשה מתוך שינה את פתיחת ארון הבגדים. זה היה עלול להיות לו לא נעים אם היא הייתה מתעוררת ובנגוד להרגלו הייתה מחליפה אתו דברים. הוא לקח את החולצה השביעית משמאל, אשר אמורה להיות כחולה בהירה, שהוא לבש כל יום

חמישי ואת המכנסיים השניים מימין, אשר כמעט התאימו לכל חולצה. הוא לבש בחדר הרחצה את בגדיו העליונים, ענב ללא כוח את עניבתו המתאימה לכל, קשר אותה כמו שהוא למד מאביו ודחף את הקשר עד תפוח בלוטת התריס. הוא כחכח בגרונו, הסתובב באותו זמן והלך למטבח. שם חיכה לו קפה מוכן. מכונת הקפה החדשה הייתה עם שעון טיימר, שאפשר לו לקבל ספל קפה מוכן. עבורו הייתה הטכניקה המודרנית לא רמה רגילה אלא מותרות של ממש. בזמן ששתי פרוסות הלחם נצלו בטוסטר, הוא הניח צלחת, סכין, ריבה וחמאה על שלחן הצד ליד התנור, כדי לא ללכלך את השולחן ובכך ליפול למעמסה ללא צורך על אשתו. אחרי ארוחת הבוקר הקבועה במהלכים קבועים הוא נסע למרפאה שלו. הדרך לעבודה הובילה אותו דרך שדרה עם עצי אלון, אשר השאיר תחושה של גינה. כאשר בקיץ זרחה השמש, שימש הצל הכהה של העצים הענקיים כהגנה מהשמש ובחורף הם נראו כמו מטריות שאיבדו את גאוותם.

הוא עזב את ביתו, השאיר את מחשבותיו מאחור ונהנה מהנסיעה דרך השדרה, שהובילה למרפאה שלו. באחד מהרחובות הצדדיים, קרוב לכביש מהיר הוא רכש לפני ארבע עשרה שנה מרפאה של רופא. הבעל הקודם שלה היה פסיכיאטר מהדור הישן. ד"ר ברוננפלד השאיר מאחוריו שלחן כתיבה מסיבי מעץ אגוז וספרייה שהתאימה לו. בנוסף העביר ד"ר ברוננפלד את הספה המקובלת מעור אדום-חום בסגנון אנגלי.

היא הייתה אובייקט עתיק ומיוחד אשר העניק אלגנטיות מיוחדת של מרפאת רופא מקצועי לפסיכיאטריה. שאר הרהיטים היו ישנים ושחוקים שגם לא היו הסטייל שלו. הוא רצה להגשים את חלומו על מרפאה מעוצבת בצורה מודרנית, שתהיה בהירה ומוצפת אור שמש. מרפאה, בה נפשם של הפציינטים תתמלא בחוויה אמתית. הבית המשותף הישן בסטייל ויקטוריאני לא ענה על ציפיותיו.

מוקדם בשעה שבע שבע פתח קריסטיאן יום יום, שבוע שבוע וחודש חודש, את הדלת המשופצת באולם הכניסה. הוא טיפס במדרגות, שלוש קומות למעלה, ליד החלונות, אשר האירו את המסדרונות הארוכים, כל עוד אור היום איפשר זאת. חמש המדרגות האחרונות היו קצת ישנות והשמיעו חריקות כמו לוח עץ אשר שימנו אותו מעט מדי. דלת המסדרון הכפולה הייתה צבועה בלבן עם חלון חום בגובה הראש, אשר החליפה אחרי המלחמה את דלת הזכוכית המעוצבת. הדלת נפתחה בשקט ונסגרה בדיוק כך בשקט בנעילתה. מאחורי הדלת שכן מסדרון ארוך עם שטיח ארוך באדום, אשר נשא עקבות נעליים רבות. בסוף המסדרון הייתה דלת כנף כפולה נוספת, אשר מאחוריה נחבא לו מרכז המרפאה. זה היה חדרו, בו הוא בילה את רוב חייו. בממלכה שלו אשר הציגה אותו כרופא פסיכיאטר שלעיתים נדירות הציג את עצמו בצורה אנושית לפני הפציינטים שלו. אבל רק לפני פציינטים שהיו נחמדים ומבוטחים בביטוח

פרטי. הוא לא היה מסוגל לבקש סליחה ממישהו
אחר.

האגו שלו נבנה למעשה מקיומה של בתו
ומסיפוריהם של הפציינטים שלו, אשר עליהם לא
היה יכול לעולם לדבר עם פציינטים אחרים. חוק
השתיקה היה עבורו כל כך קדוש, כמו כל הרגליו
האחרים. הרגליו ופולחניו נתנו לו את ההרגשה
שיש לו תוכן חיים.

בדיאלוגים בין אישיים בקונגרסים רפואיים, בהם
הוא הוכרח להשתתף, כי קופות החולים
דרשו התפתחות מקצועית, קריסטיאן היה יכול
לדווח על כתביו החדשים ביותר, אשר חיברו בין
אישיותו ובין הביוגרפיה של אישיות אחרת.
קריסטיאן חי את פולחנו ונשאר בחיים, בעזרת
זהויות בדויות אשר אימץ לעצמו. הוא היה אלוף
כל גלגולי הנשמות. בתור מגלגל נשמות,
קריסטיאן נהנה מכל זוהר חדש, שהפך אותו
לשלו. הזוהר פג רק כאשר נראה לו בוהק חדש
יותר כאשר נשמה חדשה, מצליחה יותר מצאה
חן בעיניו. בתור קוסם מאומן הוא ניסה מיד
להעתיקה.

הבריחה מהעוני הביאה לקריסטיאן את עוזרתו
אינגבורג למרפאה. עם עזיבתו של קודמו נשלחה
עוזרת הרופא לפנסיה. קריסטיאן רצה להתחיל
תקופה חדשה. הוא לא הסכים לסבול בקרבתו,
מה ששירת בעבר במרפאה. התאים לו מאוד
לחפש עובדת חדשה, שתעצב את המרפאה על
פי ציפיותיו. אינגבורג היתה אשה ביישנית. בעלה

עזב אותה, בשנות השלושים לחייה, ממש זמן קצר קודם בגלל אשה אחרת והיא הוכרחה למצוא עבודה מה שיותר מהר, כדי להחזיק את עצמה מעל למים. לא היו לה ילדים וגם לא מעגל חברים. היא עמדה אחרי גירושיה למעשה לבדה. היא הייתה מוכרחה להתגבר על מה שנראה לה ברגע הראשון כבלתי אפשרי. בפעם הראשונה בחייה הוכרחה לשאת את עול האחריות על עצמה. חמש שנים ושלושה חודשים נמשכו נישואיה, אשר אותם תמיד ראתה בתור ביטוח חיים. היא ברחה קודם לאמה, אשר מאז מותו המוקדם של בעלה חיה מעזרה סוציאלית, מאחר והיא סבלה מדיכאון קשה, שלא איפשר לה לעבוד.

לקריסטיאן היה ברור, שהיא לא תכיר מיד גבר חדש או שהיא תכיר בכך שאף גבר לא יהיה מוכן לקחת אחריות עליה. לפגישת ההיכרות לבשה אינגבורג חצאית כחולה, אשר חצתה את האורך הצרפתי בחוסר טעם לפחות באורך של יד, עם חולצה לבנה, אשר כתפיותיה נתלו מעל ונעלה נעליים שטוחות שחורות. פניה היו חיוורות. שפתון ורוד, שהיא באופן יוצא מהרגיל משחה על שפתיה, הדגיש את עור פניה ועשה אותן עוד יותר חיוורות. שערה החום היה קשור בצמת איכרים. לכך דרוש היה אימון רב, אמנות קשירה של שערות כה ישרה, כך שהשערות יכנסו במדויק במילימטר אחד בתוך השני.

בפגישת ההיכרות היא התנהגה בפסיביות, בשקט וביישנות. בקול לוחש היא דיווחה

מתביישת במצבה, מבלי להביט בקריסטיאן ישירות בעיניים. כדי להוריד את המתח, קריסטיאן תיאר לה במחווה שקט, כמה הוא מעריך את מעורבותה של אשתו. אשתו למדה מדעי המדינה וסוציולוגיה עד להולדת בתם וכאשר תסיים את תקופת התינוקות היא תמשיך את לימודי התואר שלה. הסדר הטוב חייב שלצידו תהיה אשת קריירה.

הוא ריחם עליה מעט. למרות שהוא למעשה חיפש עוזרת אחרת, הוא נתן לה את המשרה.

יום כמו כל יום אחר

כמו בכל בוקר יום שני, שרר בקבלה דוחק גדול. אינגבורג הייתה עסוקה בתהליך עבודה כאילו הזמן לא שיחק שום תפקיד. תיק הפציינט הראשון אותר בארון של תיקי הפציינטים. הפציינט השני ביקש מרשם ללא ייעוץ עם הרופא. הפציינט השלישי היה חסר מנוחה. הוא החזיק מכתב בידו ורישרש בו בדרכו בצעד אחד קדימה לכיוון האשנב. איש גדול עם כתפיים רחבות, כמו של עובד בניין, שחולצתו עומדת להתפוצץ, באם ינשום עמוק מדי. הוא התנודד קדימה, בסובבו את רגלו ונשם בכבדות באותו זמן. עיניו עקבו אחרי כל תזוזה של אינגבורג המיומנת באדישות, ללא שפגשה את מבטי הפציינטים הממתינים. למרות גופה הכבד, היא השאירה תמיד את הרושם, שהיא האחראית על כך שהזמן והתהליך לא ישתנו.

כל אחד מהפציינטים ידע שאי אפשר לזרז את התהליך. מלבד החדש, שלאחר מספר תנועות של חוסר שקט אמר: "אשה יקרה, אני העברתי את עשרים השנים האחרונות בציפייה! אני תכננתי להיום דברים נוספים!" במשך השנים איבדה אינגבורג את השימוש במילים עדינות ומה שנשאר היה קול החלטי וחסר רגש, אשר ביטה במילים מעטות, מה שבשפה יום יומית דרש לפחות שני משפטים.

"או לחכות או ללכת!" ענתה אינגבורג. האיש נעץ בה מבטים חודרים ומאיימים, אשר ביטאו,

שהשנאה ביניהם תשאר לעד. אחרי רגעים ארוכים הביטה אינגבורג לכיוונו. זה היה מבט של קריאה, אשר נעשה ללא תשומת לב מיוחדת. מבט זה הונהג במקביל עם הפקודה: "הבא בתור בבקשה! שמך?" "... ינובסקי, מנפרד ינובסקי. אני חייב לקבל תור לרופא!"

"...אין לך שום רישום לתור, מר ינובסקי. אתה חייב להמתין שלוש שעות! תפוס לך בבקשה מקום בחדר ההמתנה!"

אינגבורג שילחה אותו עם תנועת יד, בכיוון חדר ההמתנה. הגוף הרחב נע בעקבות הכיוון הנכון ונכנס ללא קול לחדר בו היו חמישה כיסאות שעמדו ליד כל קיר. רווח של עשרים סנטימטרים עמד ביניהם. הוא נתן לגופו הגדול, המעט נוקשה לצנוח על אחד מהכיסאות האדומים המרופדים. ינובסקי פתח את רגליו, התכופף מעט רגוע קדימה, שם את ידיו מקופלות בחיקו והכין את עצמו לחכות לתורו. מתוח הוא צפה בפציינטים המחכים מידי מספר דקות, כמו שהוא פיקח על כל תנועה של הממתינים, כדי להיות מהיר יותר, במקרה שיהיה צורך. אבל מלבד לחכות לא קרה דבר.

שורת הממתינים הצטמצמה והוא נקרא לחדר הטיפול. מבטו נפל על שתי כיסאות מכוסות במשי כחול ומשענותיהם עשויות מצינורות מתכת כסופות. הם נראו יקרים, אבל לא יציבים במיוחד. ממש לפניהן עמד שלחן כתיבה מעץ אגוז ומאחוריו נמצא מקומו של קריסטיאן, בכיסא

משרדי מתאים, אשר באמצעות גדלו הדגיש את משקלו של היושב בו. שלחן הכתיבה הפריד בין הצדדים, כך שמהרגע הראשון היה ברור מיהו החשוב יותר. מתוך חובה ברך קריסטיאן את הפציינטים שלו עם קריאת "הלו, אדון או גברת" עם שמם, "מה שלומכם?" הוא שם דגש על קבלת הפנים הלא רגילה, כי היה בטוח, שהפציינט יבנה את אמונו בו במהירות, מה שיחסוך זמן עבודה. תוך כדי פעולת החובה הוא הראה עם ידו הימנית על אחד משני הכיסאות, כדי לרמוז שעל הפציינט להתיישב ולהימנע מלחיצת הידיים, כי כאשר אדם היה זר או שבעיניו אינו נראה נקי, הלחיצה לא היתה נעימה. בנוסף הוא התיישב ללא גינוני נימוס כלפי האדם ממולו והעביר את ההרגשה שהוא החזק יותר.

מנפרד ינובסקי הפטיר: "יום טוב, אדוני הרופא." מה שהוציא מקריסטיאן חיוך מאולץ, עם תוספת שמו "שפיגלר," חזר הוא: "שם זה אינו מאפשר מקצוע אחר מאשר זה של פסיכיאטר! מה אתה אומר לכך, מר ינובסקי?"

"כן, אדוני ד"ר שפיגלר, ללא ספק!"

"מה הביאך אלי, מר ינובסקי?" ינובסקי השעין את ידיו על לשלחן הכתיבה והגיש לקריסטיאן מכתב. קריסטיאן פתח אותו עם סכין לפתיחת מכתבים ומשך את תוכנו בצורה מקצועית מתוך המעטפה. מעט למעלה הוא החזיק את המכתב בגובה החזה לפניו, כמו החזיק תעודה ונתן לעיניו

לעבור עליו. פה ושם הוא הנהן, כמו רצה לאשר משהו. אחרי שסיים לקרוא את המכתב הוא כחכח פעם אחת, נשם עמוקות ואמר בהחלטיות: "כן, מר ינובסקי, אלה היו שנותיך הקודמות! הוחלט על ידי רשויות המשפט שפעמיים בחודש תנהל איתי שיחה! האם אתה רוצה לדבר איתי על זמנך בכלא, או...?" ינובסקי הפסיק אותו:

"לא, לא, זאת חוויתי בצורה מספיק אינטנסיבית. הייתי עשרים שנה בטיפול. לי זה ברור, שאני הרגתי את אשתי ועד היום לא התחרטתי על כך. בתוך תוכי עולה הקלה שהיא מתה, כאשר אני חושב על כך. רצח עצמו הוא בשבילי מעשה לא נעים. זה מובן, לא? אני לא יכול לראות דם. רק המחשבה על כך משחררת אצלי הרגשת בחילה. זוהי בשבילי חידה, איך לא התעלפתי אז בראותי את הדם!"

"כנראה," ענה הוא בעצמו, "שהשמחה וההקלה על מותה של אשתי הייתה כה גדולה, עד שעלה בידי להתעלם מחולשתי."

קריסטיאן השאיר את השאלה בחלל האוויר. כדי לא להופיע כלא מקצועי. הוא נטה לכך, לא לסיים ברגעים כאלה את הפגישה, בכך שהוא אומר, שהזמן נגמר, אלא לתת הערכה לפציינטים שלו, בכך שנתן להם להבין שהפגישה מוכרחה להסתיים כדי שהנפש תסבול פחות. קריסטיאן הזכיר לו שעוזרתו אינגבורג תסכם אתו תאריך לפגישה נוספת בשבוע הבא.

הוא סיים יום זה כמו כל יום. מנפרד ינובסקי היווה בשבילו שינוי, אבל לא כה מיוחד עד כדי שהוא יישא אותו במחשבותיו לביתו.

בדלת הכניסה, כמו תמיד, התקבל קריסטיאן על ידי כלבו עם זנבו המתנדנד לצידו ברעש. באותו רגע נשמע מהסלון הפקודה הרגילה: "שקט, אנחנו רואות את הסדרה שלנו!" ללא קול, הוא נכנס למטבח, הדליק את המיקרוגל לשלוש דקות, ללא שפתח אותו קודם. זה היה חלק מהסדר, האוכל בשבילו נמצא כבר בפנים.

קריסטיאן הלך עם צלחתו לפינת האוכל, אשר שכנה מאחורי הספה בסלון. שם התיישב בכיוון הטלוויזיה ואכל. הוא ניסה לעקוב אחרי הסדרה בטלוויזיה. זה נתן לו את ההרגשה, שהוא חלק מהמשפחה. אחרי האוכל הוא הלך עם הכלב לטיול מסביב לבלוק, חזרה למסדרון, לחדר הרחצה, לחדר השינה ולמיטה.

אף על פי שליזה ישנה לבדה מאז שמלאו לה חמש שנים, אשתו לא חזרה לישון בחדר השינה המשותף. אחרי רדת החשיכה היא עברה לחדר האורחים הקטן, שלו קראה בגאווה: "גן העדן שלי." חוץ מזה היו חייה מלאים במחשבות על חזרתה ללימודים, אשר אותם היא הפסיקה בגלל בתה.

קריסטיאן איבד עם הזמן, את המחשבות שאשתו תהיה מצליחה במקצוע לצידו. הוא שם לעצמו דגש לקדם את בתו. הוא הכריח אותה להשתתף בפעילויות, אשר לא היו קשורות לכישרונותיה

ולא עניינו אותה. כך נהיה קריסטיאן לא אהוב בתוך משפחתו. במרכז חייו עמדה המרפאה שלו, כיסא שלחן הכתיבה והפציינטים, אשר התנהגו כלפיו בכבוד רב. הרגשת הכל יכול, בכיסא שלחן הכתיבה מעל "דורשי ההגנה," שאיפשר לו לנסוע יום יום למרפאה. כאן הוא שלט בעזרת הידע והיכולת, אשר נתן בידיו כוח, שאותו לא היה יכול לחוות בשום מקום .

יום שלישי חלף ויום רביעי הגיע. ביום זה הופסקה השגרה בשעה 11:30 להרגל מיוחד. בהתחלה זה היה כמו ספורט, שחוקיו היו לסיים את הפגישה עם הפציינט הקודם בשעה 11:30 ומהפציינט הבא להיפרד בהצלחה עד 11:45. לאחר מכן העניקו לעצמם אינגבורג וקריסטיאן כוס קפה עם חתיכת עוגה. הרגל זה שירת את הצורך לחזק את הריכוז. כי החל משעה 12:00 הם התחילו עם עבודת ההתחשבנות עם קופות החולים והביטוחים הפרטיים. תעסוקה זו הסתיימה בדרך כלל בשעות הערב המוקדמות, כך שלעתים קרובות קרה ששעת ארוחת הערב הגיעה. הזמנת שירות פיצה, נתנה לקריסטיאן את ההרגשה שפעם בשבוע הוא אדון לטעמו וחושיו.

ביום רביעי אחד נכנסה חולה אחת בשעה 11:45 לחדרו. קריסטיאן לא הזניח את קבלת הפנים שלו, אבל היא הקדימה אותו כבר לפני הדלת עם ברכת "הלו אדוני הרופא." היא התקרבה, לא חכתה לסימן מידו, המראה לה לשבת, אלא הושיטה לו את ידה. יד שהרגישה מלאת בטחון

ומשכנעת כמו בכניסה לבמה של ברברה סטרייסנד. קולה המצלצל הדגיש את שמה, כך שקריסטיאן נהיה מבולבל וביקש אותה לחזור עליו. איזבלה גרציאנו-שמידט עם "דט" בסוף. "איך באת לשם כל כך יפה? כן, אני חייב לומר...השם שמידט הוא בעל איכות כשל גידול לעומת צלצול שמך!" הערה שהביאה את קריסטיאן לתדהמתו למצב של קירבה לא רצויה.

"כן, אדוני הרופא, למעשה אני חושבת, זאת הבעיה שלי שבגללה באתי אליך!" היא המשיכה קדימה, ללא שחכתה לתגובה מקריסטיאן. "אני מחפשת את רגשותיי אשר הלכו לאיבוד. מאז שנישאתי לשמידט, איבדתי את רגשותיי. אני נישאתי באמת מתוך רגשות אהבה. אז לבשתי שמלת כלה ורודה מתוחה כמו עור עם פרחי משי אדומים. אני הייתי מאושרת כל כך, עד שלא ידעתי איך לבטא את רגשותיי. כאשר אני היום, אחרי חמש עשרה שנות נישואין, רואה את השמלה הזאת, אני שואלת את עצמי, איך יכולתי ללכת בתור קונדום ורוד עם ניצנים אדומים לצד אדם אשר שדד את רגשותיי, במקום להחזיר לי אותם".

אבל האגו שלו לא נתן לו, שהאישה הזאת תחסל את הרגליו ובכך תדרוס אותו. בהבנתו הוא התנגד למצב, שהוא התייחס אליה בתור אשה. זה שחרר אצלו הרגשת חרדה, שהוא בתור פסיכיאטר הוכרח לפעול ולנווט את הנושא בכיוון אחר.

"במה את עוסקת?" בדרך כלל הוא דיבר עם פציינטים עם שמם, אבל במקרה זה הוא התרכז בכך שיוותר על עקרונותיו, על מנת לנווט את איזבלה בכיוון שיהיה לו פחות מביש. אחרי מחשבה קצרה ענתה איזבלה: "מקצועי הוא להעלות רגשות לדרגת ניראות, בכך שאני מתארת אותם במילים. אני בונה גשר לרגשות, להעלותם לאור השמש. אני משוררת, אני מספרת, זה הייעוד שלי". היא המשיכה וסיפרה, שבעבר הייתה בטוחה שההבנה אינה חשובה והרגשות אמורים לעשות את ההחלטות בחיים. אבל היום אין לה רגשות בכלל והיא חיה רק עם ההבנה. ולכן היא נהייתה מיואשת. קריסטיאן הפנים את האמירה הזאת בתקווה שהוא יוכל להשתמש בזה בתור מנוף, להשתלט על המצב בחזרה.

"האם יש לך ספקות בקשר להגיונך?" "איך מתבטאות הספקות?" בזמן שהוא הציג את השאלות, הוא העז לזרוק מבט בשעון כדי לוודא כמה זמן נותר. זה היה מוקדם בעיניו להעליב חולה שלו. הוא לא רצה שהיא תשים לב, שבעייתה בעיני הרופא אינה מקבלת תשומת לב ראויה. לאט, בצורה מורגשת ומרוכזת, ענתה איזבלה עם עצב שקט בקולה, שבתקופה לפני נישואיה, מעולם רגשות לא היה חסרות לה. "אני רוצה להחזיר לחיים את הזמן לפני שנישאתי. את הרגשות, אשר הכרתי, לפני שחיי עם בעלי החלו." בקולה העצוב לחשה איזבלה "הרגשות שלי, אתם הייתי כל כך מאושרת, חסרות לי מאוד." היא לא ידעה היכן בדיוק היא תוכל

למצוא אותן. מה שנראה לה כבעייתה הגדולה ביותר. היא ציפתה לכן שפסיכיאטר אחד, יראה לה את הדרך הנכונה לשם.

קריסטיאן מצא בהצלחה את המילים המשחררות אותו מהישיבה. למרות שאיזבלה ריתקה אותו והוא הקשיב לה בהנאה, הוא לא רצה לסכן את הרגלי יום רביעי. הוא נתן לה שאלה לדרך, שעליה תחשוב עד השבוע הבא. כדי להימנע משאלות נוספות מצידה, הוא נעמד עם דבריו האחרונים, הושיט לה את ידו לפרידה וליווה אותה לדלת. עם הטריק הזה הוא הצליח להימנע מדחיית זמן הישיבה.

בשעה שתים עשרה הוא שמע את רשרוש מכונת הקפה, כדרכו הוא התחיל לצלצל.

סופי השבוע נחלקו בריתמוס של שבועיים, כך שפעם באו הוריו לבקר ופעם הורי אשתו. בסופי השבוע קריסטיאן סבל מכאב ראש או משלשול, אשר לדעתו נבעו מכך שהוא לא התגבר על לחציו של אביו. או שהבושם של חמתו שעלה לראשו היה אחראי לכך. הוא לא חשב על האפשרות, להעניק לחמתו בושם אחר במתנה כי אשתו לא הייתה מסכימה, כי הבושם היה חלק מהיישות של אמה. זה היה הבושם שאביה העניק לאמה לאירוסין.

את הפסקת השלשולים קריסטיאן היה יכול להודות לשבוע שעמד בפתח, אשר איפשר לו לחזור לעבודה. הלחץ, שבא מאביו היה מצומצם רק למשמעת, אותה ציפה מבנו היחיד, אשר היה

חייב לו את לימודיו. יום שני היה היום, בו לא סבל מכאב ראש ולא משלשולים. זה היה היום, בו החל לקחת חלק בחיים. בחיי אנשים אחרים, בחיים עליהם הוא היה אחראי.

מנפרד ינובסקי הגיע לישיבה בזמן. אחרי השאלות הרגילות "מה שלומך?" אשר אמורות להתחיל את השיחה, התחיל מנפרד ינובסקי לדווח בקול כבד, שהוא כמו בעשרים השנים הקודמות, לא בזבז אף מחשבה על אשתו. "למעשה," הוא המשיך לאחר הפסקה קצרה, "היו לי מספר מחשבות אודות שמי."

קריסטיאן נהייה סקרן ושאל "מדוע? זה יהיה הגיוני לחשוב על הרצח ובמקום זה אתה חושב על שמך? מה זה קשור לרצח?" קריסטיאן היה בטוח, שהמעשה הממשי לא הצטמצם לאשתו של ינובסקי, אלא גם למילה רצח. הוא רצה להעלות אצלו אותו רגשות אשמה. "בכל הכבוד, אדוני הרופא שפיגלר, אני חייב לומר לך, ששמי "מנפרד" העסיק אותי בימים האחרונים יותר, מאשר הרצח של אשתי. אני חיכיתי במשך עשרים שנה שיהיו לי רגשות אשמה. במקום זה נהיה לי תמיד יותר ברור, שאין לי רגש בכלל. עשרים שנה חייתי יחד עם גברים ושאלתי את עצמי כל הזמן, מה נקרא להיות גבר. יש לי תרפיה של כלא מאחורי, אשר נוהל על ידי מטפלת זנזונת קטנה, שניסתה להביא אותי לכך כל הזמן, לדחוק זוג דמעות, שיוכלו להוכיח את חרטתי. האם זה גברי? עם אחת כזאת, בכלל עם אשה, אינני יכול לדבר על גבריות.

קריסטיאן העלה את השאלה, מה הקשר בין שמו לגבריות? הוא ניסה לשנות את האווירה על ידי בדיחה, בכך שלחש, שבכל זאת שמו אינו יוליה. זה היה ניסיון להוריד את המתח, ללא סטיה מהנושא. ינובסקי חזר על שמו והסביר לקריסטיאן, שאמו נתנה לו את השם הזה, כי היא לא חיבבה גברים. קריסטיאן לא הבין מה זה קשור עם השם. ינובסקי הסביר, שהשם מנפרד כולל בתוכו את המילה מאן. "אמי קראה לי כך, כי לא היה לה יחסים לאחר שנוצרתי עם אף לא גבר אחד. היא חיבבה גברים רק במחשבותיה ולא במציאות. אתה חייב להבין זאת, אדוני הרופא, אמי נאנסה בדרך בריחתה מאזור פומראן, ורק בגלל זה אני יכול לסלוח לה. זאת נודע לי מדודתי, שברחה אתה. לא נודע לי מעולם, האם הוא היה רוסי או מישהו אחר. אני יודע רק, שאמי הייתה אז אתי בחודש השלישי." קריסטיאן שאל ברצינות בהלם האם הוא בטוח, שהוא היה בדרך בזמן שהאונס הזה קרה? "כן, כן", אמר ינובסקי, "היא התוודתה בפני זמן קצר לפני מותה, מי היה אבי. היא עבדה אז בתור נערה במשק איכרים. שם באו לאסיף מספר צעירים מהכפרים הסמוכים לעבודה במשק. האמת היא, שאמי לא ידעה יותר מאשר את שמו הפרטי."

"כך" אמר קריסטיאן בגילוי "אתה בטח נקראת אחרי אביך?" "לא," ענה ינובסקי, עם תנועת יד מבטלת, שפטרה את הנאמר בגלוי. "אני אמור להחליף את הגבר בבית, שאמי מעולם לא הכניסה אליה! הבעיה הייתה רק שאני לא הייתי רשאי להיות גבר. שמי הנו הדבר היחיד, שהינו

גברי עלי!" קבע ינובסקי והמשיך להסביר, שהוא היה חייב להישאר נער, השומע בקול אמו. "איך הוא הרגיש זאת?" שאל קריסטיאן. ינובסקי חשב באופן מופגן, בכך שהוא נעץ את עיניו ימינה ולמעלה בכלום.

לאחר מספר שניות של מחשבה סיפר ינובסקי: "אתה יודע, אני יכול להיזכר ספונטנית רק במצב אחד. אני חושב, שהייתי בן שנים-עשר או שלושה-עשר, כאשר בוקר אחד...אני חייב לספר לך, שחדרי שכן שמאחורי המטבח, ולכן הייתי חייב לעבור בדרכי לשירותים דרך חדר המגורים. כן, הלכתי דרך המטבח. אמי ישבה ליד השולחן ושתתה קפה. למעשה זה היה כמו תמיד. בכל זאת באותו יום, אני עוד לא הגעתי ממש לאמצע המטבח, היא נעמדה, נעצה בי את עיניה וצעקה שאני לא אתחבא מאחורי הלכלוך הזה שאני נושא לפני. לא הבנתי למה היא התכוונה. הסתכלתי אליה. אז היא תפסה את חריץ מכנסי וצעקה שאני חייב לשים קרח על הגידול הצומח, על מנת שהוא לא יכביד על ראשי. מאוחר יותר, זמן רב אחר כך למדתי שזאת היה עמידת הבוקר הראשונה שלי." "אדון ינובסקי, מה זה עמידת הבוקר?" שאל קריסטיאן בסקרנות. ינובסקי הביט בבושה דרך החדר. עלתה במוחו השאלה, "האם הוא באמת לא יודע?" אבל קריסטיאן לא השאיר לו שום דרך מילוט. הוא עמד על קבלת הסבר מילה למילה. קריסטיאן גילה שעמידת הבוקר היא קיצור של זקיפת הבוקר של אבר המין הזכרי. מעט מביש אודות התשובה, אבל עוד יותר מביש בגלל טיפשותו שלו סיים

ד"ר שפיגלר אחרי ההסבר את השיחה ונתן למנפרד שאלה לדרך, האם הוא חש עצמו גבר. אחר כך שלח אותו לעוזרתו אינגבורג לקבוע תאריך לפגישה הבאה.

ביום רביעי הגיעה איזבלה לישיבה הראשונה. איזבלה נכנסה לחדר הישיבות בנעליים שחורות, עם גרביונים מעט זוהרים שנראו כמו משי רך. ברכיה בנו את הקצה של חצאית לבנה, המעיל הקל נראה כמו עורה השני. שערה היה מורם למעלה, הבליט את שרשרת הפנינים האפורה מהים הדרומי. האיפור הקל הדגיש ביופי את העיניים החומות הגדולות, אשר היו מאופרות באופן מודגש וחזק ביותר.

קריסטיאן חשב, שהרמוניה מושלמת עמדה לפניו. הוא לא האמין למחשבותיו שלו עצמו. בשעה שהיא התיישבה תפס קריסטיאן את עצמו שהוא מנסה במבט מוסתר להביט על התחרה של חזייתה במחשופה. איזבלה ישבה מולו עם ברכיה המשולבות אחת מעל השנייה, כאילו רצתה לשמור על סוד גדול. עם כחכוח בגרונו קריסטיאן שאל, אם היא יכלה לענות לשאלתו שנתן לה בסוף הפגישה האחרונה.

כחכוחו היה שייך לפחדו, ששאלתו תוצג כמשפט היכול לבייש. שכן עבור קריסטיאן הייתה זו הזדמנות נדירה לפגוש אשה כזו. לכן הוא לא היה יכול להרשות לעצמו מבט אחד. מאחור התחבאה לה תשוקה לא מושתקת אחרי נשיות מריחה טוב ורכה. מאז ימי צעירותו הוא נמנע

מנשיות כזאת, כי הוא היה בטוח, שנשים כאלה לא יכלו להעניק לו, מה שהוא ציפה מאשתו.

לדעתו אשת קריירה מציבה קדימה את יכולותיה ותכונותיה החזקות. הנשיות הייתה נוכחת למעשה דרך שדיים גדולים מדי. בדרך כלל זה שיחק עבורו רק תפקיד, כאשר זה היה נחוץ להנקת ילד. ביום זה, במצב הזה, קריסטיאן לא היה יכול להביט הצידה. הוא לא היה יכול להתחמק מהנשיות, הוא הפך לכלוא במצב הזה.

כדי לא ליצור את הרושם, שהוא אינו מרוכז, הציג קריסטיאן לה את השאלה, היכן היא יכלה לאבד את רגשותיה. איזבלה ענתה בספונטניות, שלא צריך לחפש רחוק, היא כמובן איבדה זאת אצל בעלה. כדי להישאר במעמד של אחד שיודע הכל, קריסטיאן אמר שהיא יכלה לאבד את רגשותיה מבלי שבעלה גנב אותם. "כן אדוני הרופא," היא אמרה בהסכמה, "אבל כדי לחזק את התיזה שלי, אני צריכה להסביר מספר דברים אודותיו. בעלי תומס הוא ספרן ואוהב ספרים. אבל למעשה רק את הדרך איך לקטלגם ולא כמו שבהתחלה חשבתי, את תוכנם. אהבתו המוגזמת והמתלהמת לסדר של פרטים לא מאפשרת לו לדמיין את החופש, אשר נדרש על ידי האהבה". עם הקביעה "הוא אוהב את הסדר לפרטים ואני מסדרת את האהבה." היא הפסיקה את דבריה, פתחה את תיקה ולקחה ממחטה ביד. היא לא הייתה מנוזלת ולא עמדו לה דמעות בעיניים. היא הסבירה וקבעה: "תאמין לי ד"ר, תומס אפילו מצליח לחפש את הסדר בתוך

בדיחה על הפילוסופיה! היא הביטה ברצפה ואמרה בשקט: "אפילו תמונות מהחופש קיבלו מספרים, סודרו והוכנסו לארכיב. עם ההיגיון, שהזיכרונות יישארו בהישג יד." היא הביטה בו ושאלה:
"האם רגשות יכולות להיות בהישג יד, אדוני דוקטור שפיגלר?"

"לפני שאענה על שאלתך," אמר קריסטיאן, "אני מבקש לדעת, מדוע בכלל נישאת לאדם זה?"

"אז" אמרה איזבלה, "הערצתי אותו! כן," היא הדגישה את תשובתה, "אני הערצתי אותו." זה אומר, שאני אהבתי אותו ללא ביקורת!

"היום" כך היא הסבירה עוד,"היא רואה לא ביקורתי כעיוורון של מאמין טוב". היא פתחה את עיניה פתאום לראות את המציאות. הוא הכיר כל כותרת ואת מספר הדפים של הספרים, שפורסמו בשנה הקודמת, מה שלא מרשים אותה היום יותר, אלא מוכיח עד כמה שטחי הוא תומס.

בנוסף, כך התברר בהמשך השיחה, אז היא הייתה כל כך עניה, עד כדי כך שהיא הכניסה קופסאות פלסטיק ריקות למקרר, על מנת שתהיה לה הרגשה שהמקרר שלה מלא. בזמן הזה היא חתמה על החוזה הראשון שלה בהוצאה לאור קטנה. זה לא היה סכום כסף גדול, אבל הספיק להחזיק אותה שנה שלימה מעל למים. היא הייתה כל כך אובססית, שכל אחד יכיר את ספרה, שהיא ישבה שעות ארוכות בספריה עם אנשים זרים דברה אתם תחת תירוץ, כדי להזכיר

בדרך אגב ספר מסוים – את ספרה, שכמובן – כל אחד חייב להכיר. כך היא הכירה את תומס. כאשר היא דברה אתו, האם הסֵפר: "בשורת אהבה מהמעמקים", כבר נלקח, כי היא לא יכולה למצוא אותו, היא הופתעה, שהוא בספונטניות שאל, האם היא מתכוונת לסֵפר בשורת האהבה מהמעמקים עם 126 עמודים, "או כן" ... היא קראה באופוריה .

"כן, אני מתכוונת זה של איזבלה גרציאנו! שם יש בדיוק 126 עמודים וכריכה אדומה." הוא הביט בה וצחק בהפתעה, כי הוא עדיין לא הכיר לקוחה כזאת, המכירה כמה עמודים יש בסֵפר אחד. מבוישת, עם לחיים אדומות, היא נתנה לו להבין, שהיא איזבלה גרציאנו. מאז קרו פגישות רבות בספרייה, והוא ניסה להשאיל את ספרייה.

הסֵפר הבא הופיע ולאיזבלה הייתה יותר ויותר עבודה, כך שהם נפגשו לעתים רחוקות, לכן תומס החליט, שיהיה טוב יותר באם הם יעברו לגור ביחד, כך שיוכלו להתראות לעתים קרובות יותר. אחר כך הוא החליט, שיהיה טוב יותר להתחתן, כי זה זול יותר מבחינת המיסוי. לפני שלושה שבועות הוא החליט לאחר חמש שנות נישואין, שיהיה טוב יותר להביא ילד לעולם, כי הוא יוכל לרשת, את שני הבתים המושכרים שלו, שירש מאמו שנפטרה לפני כשנה. אצל איזבלה חדרה השאלה למחשבתה, האם היא תוכל לאהוב את הילד, כי היא איבדה את רגשותיה. עם ההכרה הזאת ישבה איזבלה אצל הפסיכיאטר והוא הציג שוב את השאלה, האם היא איבדה את

רגשותיה. בנוסף הוא חשב לעצמו, שבעניין הילד תומס למעשה דרש רק מחווה עבור זה שהתחתן אתה ודאג למחסורה. היא בטח לא אהבה אותו אף פעם. כך, גברת גרציאנו-שמידט, מדוע את רוצה לחפש את רגשותיך? הוא קבע עוד, שהיא נכנסה לנישואין האלה ללא אהבה, שהיא לא הצליחה למצוא את הרגש שלה. איזבלה הייתה זעופה בגלל ההנחות האלה וניסתה להצדיק את עצמה, בכך שנתנה לו להבין, שהיא מעולם לא חיה על כספו ולא קיבלה כלום מאהבתו. היו לה אז כל כך הרבה רגשות, שיכלה להעניק ללא שתהיה נאהבת בכלל. קריסטיאן שם לב, שהוא הלך רחוק מדי עם הניתוח שלו. השיחה המונחה, כמו שנהוג לקרוא בשפה מקצועית, תפסה עצמאות ואיימה להפוך לשיחת מריבה. גאוותו של קריסטיאן ומקצועיותו לא הייתה יכולה לאפשר מצב מביך כזה. לאחר מחשבה קצרה הוא חשב שמצא פתרון, בכך שהוא הרים את ידיו, ובכך נתן להבין שזו עצירה. שכן היכן שמילים לא יכולות יותר מאשר להביא למריבה, חייבות תנועות לסיים את הריב. תנועת העצירה הראתה הצלחה ואיזבלה הפסיקה את המגננה. קריסטיאן נשם עמוקות, לא רק כדי להפסיק את עצבנותו, אלא גם כדי להרוויח זמן, לו היה זקוק באופן דחוף, כדי למצוא במחשבותיו פתרון. אחרי נשיפה ארוכה, בהן ידיו נשארו באותה תנוחה, הוא החל לסמן לה להתרגע בשקט, כאשר הוא הוריד לאטו את ידיו מספר פעמים. עם קול מרגיע הוא נתן לאיזבלה להבין, שכל השיחה הייתה לצורך פרובוקציה. "גברת

גרציאנו-שמידט, האם זה ברור לה שתוקפנות גם היא הפגנת רגש?" הוא שאל בקול בטוח עם חיוך בפינת פיו. מאחר והוא היה בטוח שאיזבלה תתן לו תשובה, אשר תכריח אותו למצוא קביעה מתאימה, הוא הוסיף לדבר ללא שאיפשר לה לתת תשובה. הוא ניסה להסביר לה, שתוקפנות, רוגז ושנאה שייכים לרגשות, אשר מאפשרים אהבה, והציג את כל המצב בצורה חיובית. כך תהיה איזבלה בדרך הטובה ביותר להפנים את ההרגשה שמצאה את האהבה. למרות שקריסטיאן לא היה בטוח בהצהרתו, הוא ניסה בכל זאת לשכנע אותה, כדי שאיזבלה תעזוב את המרפאה עם רושם חיובי ותרצה לבוא לפגישה הבאה. בדרך כלל השאיר קריסטיאן זאת למזל, אם הפציינטים שלו חזרו אליו או לא. אבל במקרה זה, הוא השתוקק לראותה שוב. הוא שם לב, שהיא חשובה לו לא בתור פציינטית אלא בתור אשה.

בערב מאוחר, אחרי שאכל לבדו ליד השולחן הגדול, הוא לקח לעצמו רגע זמן, נשען חזרה על כיסאו ושילב את זרועותיו על בטנו, שהוא נשא סביב בתור סימן של גבריות ועושר. הוא עקב אחרי בתו והשקיף על אשתו מאחור, אשר חזו בהתלהבות בתכנית חידות בטלוויזיה. אם ובת נהנו מכך, לענות לשאלות מהר יותר מאשר המשתתפים בתכנית. כאשר משתתף נתן תשובה מוטעית, מחאה אשתו כפיים והעירה לפעמים: "או לא, כמה טיפשי," או "זה יודע כל ילד." הוא הציג לעצמו את השאלה הבאה:"מה באמת נהייה ממנו?"

משא כבד התרחב לו בחזהו. קריסטיאן רצה לצעוק. זעקה ממעמקי נפשו, אשר צעקה מגופו החוצה. קריסטיאן, שבדרך כלל לא היה לו אומץ להפריע, צעק לתוך הסלון ודיבר ישירות לאשתו, האם היא יכולה לענות לו על שאלתו, מדוע יש רק כושלים ולא נראה שיש כושלות. התפעלותו הייתה שלא נתבקש מאשתו או בתו להיות בשקט. שתיהן התפלאו, כמעט לא מסוגלות לתפוס את הופעתו של קולו, שאף פעם לא נשמע בערב. אשתו הסתכלה אליו והרימה את כתפיה בשאלה. ליזה, שישבה עם גבה לאביה, לקחה את המצב עם הטון הרציני, בכך שהיא זרקה לחלל בשעמום "אבא, בשביל מה באה השאלה הטיפשית הזאת?"

"זה ממש פשוט לגמרי...," המשיכה ליזה הלאה "נשים אינן יכולות להיות כושלות, כי נשים מכירות רק את הכישלונות של הגברים!" קריסטיאן חשב, מהיכן לבתו בת הארבע עשרה יש ידע כזה. אבל שאלתו נשארה ללא מענה על ידי אשתו. האם הנלורה ידעה בכלל, שהמילה כושלות אינה מילה שמשתמשים בה. במעמקי לבו הוא קיווה, שזה לא יגיע להתנגשות, שכן זה יפר את השקט. האם הרקע לשאלה בכלל היה מובן? ישב לו על קצה הלשון לשאול, האם זוהי הייתה טיפשותן או פשוט בורותן, אשר לא מאפשר להן לענות. הוא לא חיכה יותר ועזב את החדר, על מנת לצאת לסיבוב עם פליקס.

רגש זר

קריסטיאן עבד כדרכו במרפאה שלו. בסיום הפגישות הוא נעמד וליווה את הפציינטים שלו עד לאזור הקבלה, שבה אינגבורג לקחה על עצמה מטלות נוספות, בזמן שהוא נפרד מהפציינטים. כאשר קריסטיאן אמר את המשפט: "כל-טוב-ועד-שבוע-הבא," הוא הבחין לפתע במשהו מוזר. צחוק של הנאה בחדר ההמתנה, כאילו כל הצפרים צפצפו ביחד. הוא הקשיב לרגע, באם יוכל להבין מילה אחת. קריסטיאן הכיר את הקול. רגש שטף אותו באזור בטנו. משיכה דוקרנית חדרה דרך ליבו ובטנו. רגליו נהיו רכות, בכלל הוא נעשה רועד וחסר ראש גם יחד. הוא הסתובב לאינגבורג וחשב שהוא חייב למצוא משהו לעשות בעניין כך שאינגבורג לא תבחין בעצבנותו. לו היה המצב מבייש למרות שהוא לא היה יכול לכוון לכך את מחשבותיו, מדוע הרגש הזה תפס אותו. הוא היה אחוז דיבוק מסקרנות. הוא מוכרח לדעת, עם מי איזבלה שוחחה באופן כה חופשי. הוא נעצר בתוכו ושאל את עוזרתו, האם החלון בחדר ההמתנה אינו דולף. קריסטיאן לא חשב, מתי הוא בפעם האחרונה נכנס לחדר ההמתנה ואם בכלל, בטח לא בזמן ההמתנה. הוא התחמק מהקשר לפציינטים מעבר לחדרו. מפגש שלא היה מתוכנן, היה עושה אותו חסר בטחון, כי הרגליו המגוננים לא התאימו לכל מצב. כך הוא נמנע מכניסה לחדר ההמתנה, כי הוא הרגיש שהוא משתווה לרמה של הפציינטים. אבל המצב הנוכחי לא איפשר לו לחשוב על כך יותר, האם

מעמדו כפסיכיאטר עלול להפגע. הוא נכנס לחדר ההמתנה בצעד בטוח שהראה לכל אחד שחיכה שם, שמטרתו היא החלון. תוך שהוא עובר למסדרון, העמיד לאינגבורג שאלה רטורית, האם היא לא יודעת, מהיכן הרוח יכולה להיכנס דרך חלון. בשעה שבחן את החלון, ניסה קריסטיאן דרך זווית עינו להכיר את הפציינטים. מימין ישב אדם זקן, אשר אותו הכיר מזה שנים. לידו הייתה אישה עלומה, אשר את שמה הוא שכח. מהצד השני הוא הבחין ברגליה של איזבלה. לא היה לו האומץ לבחון אותה במלואה. מימין לה בצל הדלת ישב מנפרד ינובסקי, מהכלא, הוא חשב כולו נסער. קריסטיאן ניסה להסוות את מבוכתו ולא להגיע למצב מביך יותר, באם הפציינטים יחושו שבהם מדובר. אבל אז קרה שמנפרד קרא דרך החדר: "היי דוק" עם הקביעה: "היום אני מעט יותר מוקדם כאן! אם אני יושב בבית או כאן זה לא עושה לי הבדל. אני הרי רגיל לשבת." הוא צחק: "עם הבדל אחד, שכאן נעים לי יותר לשבת". עם ההערה הזאת הוא הביט לאיזבלה בעיניים וחייך אליה. "כמה שרמנטי" העיר קריסטיאן מעט בציניות ועזב לחדר ההמתנה עם ההודעה:"הבא בתור, בבקשה."

עוד בטרם הגיע לשלחן הכתיבה שלו, נכנס הפציינט הבא אל חדרו והתיישב מיד במקומו. זו הייתה איזבלה, שישבה ממולו. הוא לא ראה אותה ממש עד שתפס את מושבו. ללא ההרגל של קבלת הפנים התחיל קריסטיאן את השיחה עם שאלה לא מקצועית, "האם את רוצה

להתגרש מבעלך, או לא?" מבטה של איזבלה הראה, כמה מופתעת ונסערת היא לגבי השאלה, מבלי להעלות אף לא מילה על דל שפתיה. קריסטיאן התעלם ממבטה והדגיש את ההיגיון של השאלה, בכך שקבע, שרק אשה לא נשואה יכולה כך ללא מעצורים לפלרטט עם אנשים זרים. החולצה פתוחת הלב נהייתה הוכחה נוספת לכך שהיא רצתה לקבל תשומת לב מגברים. מבטה של איזבלה נהיה קשוח. בתנועות קלות של ראשה ימינה ושמאלה היא ניסתה להתנגד. אבל קריסטיאן לא לקח אותה ברצינות והפנה את מבטו לחולצתה ששלישו העליון היה פתוח, כך שקצה חזייתה היה מעט גלוי. זה היה הרגע בו איזבלה הרגישה מותקפת ומאוימת. היא הייתה מעוצבנת ושאלה בהתחלה עם קול רועד, האם זה אמור להיות טיפול. קריסטיאן השתלט מיד על המצב. הוא נשען אחורה והוריד את ראשו, כך שהוא יכול היה להביט דרך משקפיו. מבט זה עשה את היושב ממול לילד, ילד קטן ולא בטוח, אשר אביו מביט אליו מלמעלה למטה. זה היה מבט, אשר חפר לו דרך לנפשה וידע את התשובה. תשובה שאינה משתמעת לשתי פנים. התשובה חייבת להיות נכונה, אחרת מבט זה ישאיר צל של רוגז על העתיד. קריסטיאן פירק את המתח במצב שהתפתח, בכך ששאל, מדוע היא חושבת, שזה לא יכול להיות טיפול. איזבלה במבוכתה נהייתה מעט אדומה והסכימה לכך שזה לא יכול להיות משהו אחר. אולי היא הגיבה בצורה מגורה, כי היא עד כה לא חשבה על גירושין. אבל אחרי שאלה כזאת, היא תחשוב

בכל זאת על כך. קריסטיאן נשם לרווחה, בתקווה, שהיא לא תחוש בחוסר הביטחון שלו. בתוכו עלתה שמחה על נצחונו, על הצלחת המניפולציה. הוא נהנה מניצחונו בלי לבזבז שמץ של מחשבה, מדוע הוא התלהב מתאוותו לעשות מניפולציה על איזבלה. החיפוש של איזבלה אחרי רגשותיה שהלכו לאיבוד הפך לחיפוש אחרי פרקליט טוב לגירושין. עם ניצחונו הוא העניק לה תנועה אבהית, שאמור היה לתת לה הרגשת בטחון, אשר קריסטיאן ראה בתור נשק, שיעניק לו כוח על איזבלה, "איזבלה היקרה, באם אני יכול לכנות אותך כך, קחי בבקשה את השאלה על הגירושין בתור עבודת בית אתך!" עם מבטו החודר הוא הוסיף עוד, בפרידה ליד הדלת, שהוא בטוח בכך, שהיא תבצע את עבודת הבית לשביעות רצונו המלא. בתוך תוכו הוא לא יכול היה לקוות, שיצליח לעשות מניפולציה על איזבלה. מהסיבה הזאת הצליח אפקט ההפתעה אצל שניהם. הוא היה גאה. גאה בכך, שהוא הצליח להפוך מצב מביש לניצחון.

מלא בגאווה קיבל קריסטיאן את פניו של מנפרד ינובסקי. קריסטיאן דרש ממנפרד, לספר על מעשה הפשע, כי הוא חייב להיות מעודכן במלוא הפרטים, כדי שהוא יוכל לתכנן את תהליך התרפיה טוב יותר. קריסטיאן לא הזכיר, שלא היה לו חשק לחפש את הגבריות של מנפרד, בגלל הרגשת הקנאה שנשא בתוכו. רגש כזה, שקריסטיאן עד כה לא הכיר, לפחות לא בקשר לאשה שהייתה לו זרה. מנפרד לא עורר אצל קריסטיאן שום רגש. אפילו לא רגש של בחילה

או צער. צחוקה של איזבלה העיר בו את הרגש של קנאה, של אי בטחון ואפילו של שנאה.

מנפרד ינובסקי סיפר על הרצח. באותו יום הושמע השיר האהוב עליו מילדותו "היא אוהבת אותך" של החיפושיות ברדיו. כבר אז זה היה שיר ישן, אבל השיר הפנים את תקוותיו. זה היה השיר האהוב על ידי אהבתו הסודית. זה הדגיש שהוא יזכור אותה תמיד והעלה בו געגועים לא מוסברים. הוא המתין שעות לפני החנות, בה היא עבדה, על מנת לראותה במשך רגע אחד. כאשר אמו תפסה אותו שם ושאלה, מה יש לו לחפש לפני חנות המחוכים, הוא היה במבוכה כזאת, שאמו מיד הבינה את הסיבה. היא נשארה לעמוד לידו וחיכתה, עד שהבחינה בנושא אהבתו. זה היה עבורו כל כך מבייש, שהוא הביט כל הזמן על האדמה. בגלל הפחד להתגלות, הוא קיווה, שהיא לא עבדה באותו יום. אבל היא הייתה שם. הדלת נפתחה בערב הזה מבפנים והיא פסעה צעד אחד קדימה, והלכה כרגיל במעלה הרחוב לתחנת האוטובוס. אמו ראתה מיד, שזאת מוכרחה להיות היא והביטה אחריה. בזלזול היא קמטה את פניה ומלאה בבחילה כי היא שמה לב לחצאיתה, שבעיניה הייתה קצרה מדי וממנה היא הסיקה, שקארין הנה זנזונת. היא לא השאירה שום מילה טובה על קארין. אבל אהבת מנפרד לקארין הייתה חזקה יותר. חזקה יותר מהשנאה של אמו. יותר משישה חודשים חיכה מנפרד כל יום שני ויום חמישי לקארין. בימים אלו הוא נרשם ללימודים, על מנת שתשומת לב אמו תהיה מוסחת. זה היה האליבי המושלם, כל זמן

שהקורס המשיך. אמו לא חשדה אף לא חשד קטן, כל עוד שהיא ראתה את הספרים, אשר היו אמורים לעשות מבנה עובד חרוץ ורצוי. הקורס נמשך עד השעה שש בערב, כך שהיה לו מספיק זמן לתפוס את מקומו לפני החנות. הלימודים היו יתרון כי הוא התחבר למשתתף אחר, אשר בסופי שבוע עבד בדיסקו בתור תקליטן. ערב אחד בדיסקו קרתה לו פגישה שעצרה את נשימתו. מנפרד שתפס מתחת לתקליטן את מקומו הקבוע, ראה את קארין. היא הלכה בכיוון התקליטן. היא התקרבה יותר ויותר. עד שעמדה ליד מנפרד. היא מתחה את עצמה כדי לצעוק משהו לתקליטן. היא בקשה לעצמה שיר של החיפושיות "היא אוהבת אותו". "היי מאני" התבדח חברו וצעק דרך המיקרופון: "היא אוהבת אותך!" מנפרד בא במבוכה. הוא הסתובב אל קארין וחייך אליה. היא חייכה חזרה וסובבה קלות את עיניה, כאילו רצתה לומר לו, שהתקליטן צריך להיות משוגע. ברגע זה באה גודרון חברתה של קארין מתוך ההמון הרוקד והפסיקה את השיחה ללא מילה. היא שאלה את קארין, האם היא הכירה מישהו חדש. קארין ענתה במבוכה, גודרון דחפה אותה לשאול מהו שמו. בקריצת עין הוסיפה קארין דרך ההמון הרועש: "כרגע הכרתי מישהו!" חברתה של קארין סובבה עצמה למנפרד כדי לשאול בטון מחוצף, מה באמת הנו שמו. "מנפרד!"

"זה הכל?, אתה רוצה להסתיר ממני משהו? מנפרד, מהו שם משפחתך?" עם שאלות מקנטרות אלו השתלטה גודרון על מהלך הערב.

כך הם העבירו את הערב הראשון. מנפרד ראה בכך הזדמנות להתקרב לאהבתו קארין. בשבועות הבאים נדברו מנפרד וגודרון, תמיד בתקוותו, לראות את קארין. כך נפגש לו מנפרד, עם קארין וגודרון לעתים רחוקות יותר ויותר. קארין באה לעתים נדירות לפגישות וגודרון ראתה את עצמה מאז הפגישה הראשונה כגברת ינובסקי.

מנפרד עשה הפסקה ואמר בשקט: "אני בקושי ראיתי אותה לכן חשבתי, שהיא רק מחבבת אותי, כי אני הייתי החבר של חברתה הטובה ביותר. גודרון, הייתה אחרי הפגישה הראשונה שלנו בטוחה, שאנחנו נתחתן. זה גם מה שקרה."

"עד היום שבו היינו חמש שנים נשואים כשמעתי את השיר הזה ברדיו." ברדיו השמיעו את "היא אוהבת אותו" ורגשותיו של מנפרד מהעבר התעוררו. מחשבותיו הסתובבו בזמן ארוחת הבוקר על אהבתו הישנה, אשר רקדה עמו ביום חתונתו בפעם האחרונה לצלילי השיר האהוב. את רגע החיבוק הוא לא ישכח לעולם. וקולה נשמע רך, כמעט בכייני, כי לקארין היה באופן נראה לעין קשה, שחברתה התחתנה ולא היא. בריקוד הזה הוא היה אמור לגלות, שהיא אהבה אותו תמיד.

מאז חתונתו הוא חש, שאשתו גזלה ממנו את אהבתו. זה נהייה לו ברור בבוקר זה, שהיא לפני חמש שנים שדדה את חייו. הוא לקח סכין מטבח ודקר את גודרון ליד שלחן ארוחת הבוקר.

מנפרד הודה בפני הפסיכיאטר שלו, שהוא דקר אותה עשרים ושניים פעמים. עשרים ושניים פעמים, חזר קריסטיאן ושאל, האם הוא הרגיש משהו תוך כדי המעשה. מנפרד ענה ללא מחשבה ארוכה, שבפעם הראשונה הייתה לו הרגשה, שהוא חדר לתוכה כמו גבר. שכן הוא חווה בנישואין האלה אקט מיני רק לעתים נדירות, פחות מאשר עשרים ושניים פעמים. "זה היה פחות נעים לחדור לתוכה מאשר עם הסכין. כל דקירה נתנה לי הרגשה של הקלה. כך דקרתי אותה עוד ועוד פעם נוספת וספרתי עם כך את השנים שהיא לקחה ממני. היא נלחמה לקבל אוויר, אחרי הדקירה הראשונה. עיניה הביטו עלי. כנראה שבפעם הראשונה היא שמה לב שאני חי." "כך", העיר קריסטיאן, "אתה חשבת, שאשתך לא שמה לב אליך." "ברור שהיא שמה לב אלי, אדוני הרופא, אבל לצערי לא כגבר. היא ראתה אותי בתור הספק שלה. בתור הרכוש שלה, שצריך להיות פעיל." ענה לו מנפרד. "את חיי חלקתי עם שתי מפלצות, גודרון ואמי, שרק ניצלו אותי. אם אני הייתי אשה, היו בתי המשפט מחפים עלי במקום להעניש אותי, כי אני הייתי תמיד מנוצל. השופט היה הראשון, שראה אותי בתור גבר. אני הואשמתי כגבר וכבעל. אבל עד היום אינני יודע, מה זה להיות גבר. האם אתה יכול עכשיו להבין, מדוע אני רוצה לדעת, מה זה להיות גבר? אני לא הרגתי אשה אלא מפלצת? באם אני לא הרגשתי בתור גבר, אינני יכול להרוג שום אשה!" ללא שענה על שאלותיו של מנפרד סיים קריסטיאן את

השיחה. הוא היה עייף ולחוץ. מחשבה העסיקה אותו, אותה הוא לא היה יכול להבין.

בערב בבית הכל חלף כתמיד, מלבד העניין הקטנטן שהמרק של קריסטיאן היה ללא מלח. הוא דיבר עם אשתו על כך, שנתנה לו להבין, שטעם המרק היה תמיד כך, כי הוא בא ישר מקופסת השימורים, שמאז שלוש שנים היא קונה מאותה חברה. מלבד זאת היא וליזה לא חשו בשום הבדל. עם הקביעה הזאת הגיע עבור אשתו העניין לסיומו. מעבר לכך, שם לב קריסטיאן, הייתה הטלוויזיה הערב בעוצמה חזקה מדי! "אני לא יכול להבין את מילותיי שלי עצמי!" הוא לחש אז לעצמו, כאן יכולים לחיות רק חרשים. קריסטיאן הלך לחדר הרחצה. הוא עמד לפני הראי והביט בפניו. הוא הביט בעיניו. הוא הבחין בטבעות מסביב לעיניו, ובקמטים מסביב לפיו, ושם לב שהם לא היו כתוצאה מצחוק. הוא קבע, שלא היה לו על מה לצחוק. הוא שאל את עצמו איך הוא יכול להגיע לוויכוח. איך יכול היה לחוש בחוסר המלח, כאשר הוא תמיד שותה את המרק במהירות למרות שהוא לא אוהב את המרק? מים קרים זרמו מעל ידיו, בתוך ידיו, דרך האצבעות לתוך הכיור. רגעים, אשר קריסטיאן לא שם אליהם לב חלפו. הוא הביט אל המים כמו רצה להכיר בכל זרם את הטיפות הבודדות. טיפות, שהוא הצטער עליהם כמו היו אלו דמעותיו, שהוא לא היה רשאי אף פעם לבכות. השאלה חדרה לראשו, על מה הוא יכול להצטער היום. העצב נהיה לו מובן, עד שהוא חש אותו בתור דבר רגיל. הוא עיקם את צידי פיו

למען חיוך. היה לו קשה להחזיק את החיוך המאולץ. היה לו זר לראות את הפנים הנהנים. קריסטיאן העמיד לעצמו את השאלה, מתי בפעם האחרונה הוא היה בן אדם מאושר.

עם המחשבה הזאת הוא התחיל את יום העבודה הבא במרפאה שלו. מחשבותיו הסתובבו במעגל. הוא שאל את עצמו ללא הרף, מתי הוא היה מאושר בפעם האחרונה. האם הוא היה מאושר אי פעם? האם הוא בכלל גבר? בעיות הפציינטים שלו עברו אליו.

חוסר הריכוז הביא שאלות רדודות, שלא אפשרו לפציינטים לקבל תשובות מעמיקות. קריסטיאן המשיך להתרכז בענייניו שלו, ולא עורר את ההרגשה, שהוא אינו עוקב אחרי השיחות. שאלותיו נותרו ללא תשובה. בחיפושיו אחרי התשובות נורתה המחשבה על איזבלה לתוך חושיו. האם זו לא הבעייה של איזבלה גרציאנו-שמידט? האם היא יודעת בינתיים את התשובה? סדרת השאלות התמלאה בשאלות נוספות. מחשבותיו החזירו אותו לימים הקודמים, כמו איך איזבלה בילתה עם מנפרד בחדר ההמתנה. מנפרד, אשר בעייתו היא שלא ידע מהו גבר. עם המחשבות האלו שם קריסטיאן את סנטרו בידו, כמו שניסה דרך הפעולה הזאת לתפוס את כל גופו. גופו היה ללא צורה ועשה רושם בדרך זו שהוא חלש. קריסטיאן הכיר, שהבעייה של שני הפציינטים הפכה מציאותית באותו זמן. המילה בעייה שחררה אצלו הרגשת אי בטחון, אשר היתה זרה לו. בעייה אחת הייתה עבורו הסיבה

בתור רופא, לחקור, להחליט על דיאגנוזה ולכתוב מרשם, שייתן לפציינטים את ההרגשה, שהם מקבלים עזרה. לקריסטיאן היה ברור, שבעייה אינה מביאה בהכרח לחלות במחלה, אבל מחשבתו הייתה, שרוב הבעיות הנפשיות מתחילות עם ההכרה בבעיה. לכן העריך את מצבו כשל אדם חולה.

קולה של אינגבורג הפחיד אותו. היא אישרה, שהפציינט הבא מחכה. אם הפציינט הבא היה גבר או אשה, לא הוזכר. קריסטיאן לקח פתאום לתשומת לב, שסימני המגדר אצל אינגבורג אינן מוזכרות. הוא שייך את זה למחלתו ושאל את עצמו, האם וכמה זמן אינגבורג יודעת אודות מחלתו. הוא העמיד לעצמו את השאלה, האם גם אינגבורג יכולה לסבול מכך.

הפציינט הבא ניתק את חוט מחשבותיו בחדות. איזבלה ישבה לפניו. הוא שם לב, שהיא התכוננה לשיחה הזאת. המקצועיות שלו הייתה מאומנת כל כך, שספונטניות מסוימת נפלה לו בקלות. ספונטניות הייתה סדורה תחת למקצועיות, כך שאף פעם הוא לא הגיע למצב של חוסר שליטה. אבל ברגע זה, עם מודעותו למחלתו, עזבה אותו הספונטניות המקצועית. מבוכתו הקשתה עליו לקדם את פניה. הוא אמנם התנהג כרגיל, אבל לא היה מרוכז. כמעט זה נראה לו כאילו מוחו היה ריק. הוא ידע, שכל פציינט מגיע עם ציפיות מהתחלת השיחה. ולכן הוא החל את השיחה עם שאלה משומנת: "מה את באמת רוצה?" איזבלה הייתה עצבנית. ככל יכולתה היא שיחקה עם

הרצינות של השאלה, בכך שהיא הזכירה לו עם חיוך, האם הוא לא זוכר שהיא בחיפושים אחרי הרגשות שלה ומסיבה זו כנראה הגיעה למרפאה באופן יוצא מהכלל ללא פגישה מראש. היה לו ברור, שהוא נחשף. הוא ניסה בעצמו לכסות את הבושה עם הפסקה נוספת, בתקווה שיבוא לו רעיון מציל. בשעה שקריסטיאן ניסה לכסות את מבוכתו, יישרה איזבלה את האפודה הסרוגה שלה על כתפיה, כאילו העניקה לו זמן לסדר את מחשבותיו. קריסטיאן ניצל כל חלקיק מהזמן הזה, כאשר הוא חש במבוכה המתמשכת. עד שהוא ראה לבסוף קרן אור, אשר העניקה לו המילה "רגשות," "האם לא אמרת, שאת בחיפושים אחרי האושר שלך?" קבע קריסטיאן בפסקנות. "לא, לא," אמרה איזבלה: "אני לא בטוחה, אני בחיפושים אחרי הרגשות שלי!"

קריסטיאן חזר, בכך שהוא התנגד לדברי איזבלה וטען, שזהו רגש האושר. איזבלה נראתה חושבת והוסיפה לקביעתה, שרגשות שליליים משחקים כאן תפקיד. היא בחיפושים אחרי הרגש, שנקרא אהבה. קריסטיאן נשם לרווחה, כי היה לו הרושם שהיא סלחה לו על ההתחלה הלא משומנת. הוא חזר לשלוט על השיחה. כך נתן לה להבין עם מבטו האבהי, בראשו המורד, דרך משקפיו, שהיא כאן אצלו בטיפול בגלל רגש שאבד ורצונה למצאו. איזבלה הבינה את הקביעה עם שתי המשמעויות כקביעה עם משמעות אחת בלבד. היא נעמדה באומץ מלא והודתה לו עבור ההחלטיות, אשר הפסיכיאטר הציג כנגדה. בפעם הראשונה הייתה לה הרגשה, שהיא עשויה

לקבל עזרה. לקריסטיאן הוקל כאשר היא אמרה זאת והוא הגיש לה את ידו לפרידה. הוא החזיק בידה וקיווה שהיא לא תפסיק לדבר, כך שהוא יוכל להחזיק בידה מה שיותר זמן. אבל לאחר לחיצת יד נוספת וטלטולה היא נתנה לו להבין, שהיא רוצה ללכת. קריסטיאן ניסה להרוויח עוד זמן, והחזיק את ידה. הוא ביקש, שהיא תסדר מיד כמה פגישות נוספות, כדי לפתור את בעייתה. הוא הרגיש את הריקנות, שעד לפני שניות ספורות מילאה בידה. קריסטיאן עיגל את ידו לאגרוף, כמו שהוא רצה לחקות את לחיצת ידה. יחד עם זה הוא איבד מיד את הרגשת הביטחון. הפחד, לא לראות אותה יותר. הוא פרץ מתוך חדרו למסדרון. הוא קרא מרחוק לאינגבורג אליו, ואמר לה שעליה לוודא שגברת גרציאנו-שמידט תקבל את התאריכים המתאימים. אינגבורג נראתה עצבנית מההתרגשות הלא מוכרת של הבוס שלה. היא נתנה לאיזבלה פתק עם תאריכי הפגישות. עם אצבע מורמת נתן קריסטיאן לאינגבורג את ההוראות, שהיא תודא שגברת גרציאנו-שמידט תקבל שתיים עד שלוש פגישות בשבוע. "כן, אבל בוס," הוסיף קריסטיאן הדגיש עוד שכך יהיה ולא אחרת. הוא ניצל את ההזדמנות לראות את איזבלה פעם נוספת ולהעניק לה חיוך נוסף. אינגבורג ידעה באותו רגע להעריך את החיוך, כי חיוך כזה היה נדיר מאוד מהבוס שלה. תקוותו הייתה, שאיזבלה תחוש חיוך זה בתור רגש ותחפש אצלו עוד. קריסטיאן הלך לחדרו חזרה, סגר את הדלת, נשען כנגד הדלת ושקע שם. את כל אצבעותיו

הוא העביר דרך שערותיו. על הראש נמסו שתי ידיו לאחת. עם תרועה בלבו וצעקה בגרונו הוא עצם את עיניו ושאל את עצמו, האם הוא עכשיו נהיה לגמרי משוגע. "הרישיון שלי, אשתי, בתי, נישואי?"

קריסטיאן תפס את עצמו, בכך שהוא אמר לעצמו שוב: "החזק את עצמך, החזק את עצמך...הכל זה רק זמני, ויחלוף לו." כך עבר לו גם היום הזה, השעות הבאות בביתו והסיבוב עם הכלב.

מאז הישיבה עם איזבלה, הצטרף לתהליך המוכר עוד משהו, אשר לא יכול להפוך להרגל. הרגשת הגעגועים ליוותה כל לחיצת יד, כל מצב וכל מעשה הורגש כמתארך מאשר כרגיל. הוא התייחס לחייו מאז היום של הישיבה האחרונה עם איזבלה אחרת. כאילו הרגליו והתהליך שמילא את יומו היו רק פעילות ללא תוכן ומלא ריקנות. ישותו הצטמצמה לה לגעגועים אחרי איזבלה. כל שניה, בה הוא התעסק בדבר אחר, היה חסר ערך. שום דבר בהווייתו היום יומית לא העיר בו אפילו הרגשת הנאה מינימלית. דממת מוות שלטה בתוכו. חייו היו חסרי ערך, שרק דרך הגעגועים לראות את איזבלה הפכו לנסבלים. דרך ההתמכרות לאיזבלה חווה קריסטיאן את היום יום כחדש. היה לו רגש, מתלבט בין פחד לאי שקט. רגש של חוסר בטחון, כאילו געגועיו הביאו אותו לרוץ לתוך סכין פתוחה. סכין שהוא בעצמו חידד.

"אתה צריך לאסוף הערב את ליזה ממועדון הריקודים!" צעקה אשתו מהסלון, כאשר הוא ברך את הכלב בכניסה. קריסטיאן הפסיק לרגע את טקס קבלת הפנים, שהכילה מכות קלות על קשת הצלעות ועל הראש של הכלב. הכלב הסתובב מסביבו במעגל, עד שקריסטיאן קם ממקומו. כאשר זה קרה קפץ הכלב למטבח, שעל שטיחו המתין לאוכל. קריסטיאן עצר לרגע כאשר הגיעה הפקודה. הכלב רץ למטבח, חיכה ואז חזר,אחרי שההמתנה לבעלו נראתה לו ארוכה מדי. קריסטיאן עמד במסדרון. מבטו הישיר לכיוון הסלון, מהיכן שהקול נשמע. הוא נשם עמוקות כמו שאבן לחצה על ריאותיו, נשפה בצעקה כמו מפולת אבנים. במקום תגובה מתנגדת השתחררה מקריסטיאן "כן" מסכימה החוצה. אחר כך המשיך כהרגלו, עד שחשב על הפקודה,"אסוף את ליזה ממועדון הריקודים". המחשבה שאיזבלה גרה בסביבה, לא השאירה לו מנוח. במחשבותיו הוא נסע במורד הרחוב, עבר את ביתה של איזבלה, בתקווה שיוכל לראות אותה, אולי אפילו לפגוש אותה. עם החלום הזה הוא נעמד ללכת, לבש את מעילו הקל והתעלם מצעקתה של אשתו, שזה עדיין מוקדם מדי."לליזה יש עוד זמן עד..." ברגע זה כבר סגר את הדלת מאחוריו.

הדרך למועדון הריקודים הובילה דרך רחוב פרוידנר. קריסטיאן ישב בהתרגשות מאחורי ההגה. הוא נסע דרך השדרה, פנה ימינה, בכיוון כביש הטבעת החיצונית. בתוכו בא לו פקפוק,

האם זה היה רחוב פרוידנר או דרך פרוידנר, בו גרה איזבלה. הוא שם לב, שהוא לא ידע את את מספר הבית. הוא שאל את עצמו, האם לא כדאי לנסוע למרפאה, כדי לוודא את הכתובת הנכונה. הוא הביט בשעון ושם לב, שהזמן לא יספיק לו. הוא פנה לרחוב פרוידנר. הוא ייסע לאטו וינסה בחשכה לראות מספר אחד של בית. בסתר הוא בחן את הרחוב. כמו גנב הוא ניסה להתחבא מאחורי ההגה. המחשבה שאיזבלה יכלה פתאום לצאת מאחד הבתים לרחוב ולראות אותו, עשתה אותו כה עצבני, שהוא שכח את הזמן. על אחד מהבתים בני שלוש או ארבע קומות הוא הכיר את מספר הבית 139. הוא חשב אולי לחפש תא טלפון, בו היה ספר טלפונים. כמו אז שהוא הוציא מספר הטלפונים מספרים, כדי להתקשר אליהם, בתקוה שזה יביא לו מעט הנאה. אבל בימים אלו אין כבר יותר תאי טלפון, שיאפשרו לו הנאה זו. הוא זנח את המחשבה, למצוא את כתובתה של איזבלה. הזמן לא השאיר מקום לפעילות נוספת. הוא היה חייב להסתובב כדי לאסוף את בתו. הדרך לשם נראתה ארוכה יותר מתמיד, כי הוא לא תכנן את הדרך הנוספת. כשהגיע למטרתו, הוא לא מצא את ליזה לפני הבניין. הוא חיכה מספר דקות עד שהחליט להיכנס פנימה.

לפני שתי הדלתות הפתוחות לרווחה עמדו שני גברים במכנסיים שחורות וחולצות לבנות. במבט ראשון עשה מועדון הריקודים בעיניו רושם רציני. קריסטיאן נשאר לעמוד לפני שני הגברים, כמו שביקש לומר, שאינו רוצה לשלם דמי כניסה, כי

הוא רק רוצה לאסוף את בתו. מבטם של הגברים נתן לקריסטיאן להבין שהוא יכול להיכנס. מאחורי הדלתות הרחבות הוא מצא אולם בהיר, בו אשה אחת עמדה מאחורי דלפק שבו נשמרו מעילים. מימין לדלפק ראה גרם מדרגות הנעלם לתוך האפילה. הוא ירד בהם. בירידתו במדרגות היה לו הרושם, שעוצמת הרעש עולה עם כל ירידה של צעד. מאחורי האפילה הוא מצא אולם מואר בברקים. ברקים, אשר אפשרו לראות רק מטר מהאולם. קריסטיאן היה מוכרח להיכנס לאולם ללא שמץ ידיעה על גדלו ותכולתו של האולם. הוא דאג בגלל עוצמת הרעש המאיימת, העלולה להזיק לאוזניו. הוא נדחף דרך האנשים, עבר שלחנות וכיסאות. עבר גברים צעירים, עם בקבוקי בירה בידיהם שמהן הם לגמו לריתמוס של המוזיקה. קריסטיאן שמע את הקבוצה צועקת: "הם כבר באים למות כאן!"

מילים אלו נדחפו עמוק לתוך אזני קריסטיאן. לא רק שהוא שם לב להן, אלא לקח אותם גם אישית. כה אישית שהוא עזב את האולם במהירות הבזק. בחוץ הוא נתן לעיניו לחפש את ליזה. עם מבט ריק הוא סקר את החשיכה אחרי בתו. במחשבותיו הוא היה נעול על הצעקה של הגברים הצעירים. הוא שמע עוד פעם את הקול, ששאל אותו, האם הוא בא לכאן כדי למות. הוא הציג לעצמו את השאלה, האם הוא כבר זקן מדי לחיות. האם זה כבר הכל מה שיהיה. יתכן, אמר הוא לעצמו, שהאהבה לאיזבלה אין לה עתיד יותר. מחשבותיו הופסקו על ידי משיכה במעילו. ליזה הכירה אותו מאחור ומשכה את שרוולו

אליה. "בחייך אבא, אל תעשה לי בושות לפני כל האנשים האלה! היה מספיק, אם היית יושב באוטו ומחכה לי. אחרת כולם יחשבו שאני ילדה קטנה!" עם המילים המסבירות והשקולות האלו נסע קריסטיאן הביתה. למחרת הוא בדק כדבר ראשון את יומנו. לאינגבורג היה זה מעשה לא רגיל, אשר עשה אותה חסרת ביטחון. הבוס סמך עליה עד עכשיו תמיד. כך הציגה אינגבורג לעצמה בביישנות את השאלה, האם היא עשתה אולי משהו שגוי או אפילו שכחה משהו? קריסטיאן בא במבוכה וכחכח. "היא גילתה, גילתה, גילתה" נורתה בתוכו המחשבה. "אינגבורג הבחינה בי", הוא חשב ואמר: "לא, לא אינגבורג, הכל בסדר. תמשיכי לעבוד בשקט." בזמן שהוא אמר זאת, הוא כחכח בגרונו פעם נוספת ועזב את אזור הקבלה. מחשבותיו של קריסטיאן הובילו אותו לעולם של האסטרטגים. עולם שהוא בדרך כלל לא נכנס אליו. הוא רצה לחשוב על איסטרטגיה, שתשמור על סודו. תשמור אותו מפני אלה, שהרסו את עברו ועלולים לשדוד את עתידו. הוא רצה להחליט בעצמו לבד, איך יהיה עתידו ועם מי. הכורסה, בה ישב, נראתה עמוקה עם האינטנסיביות המוגברת של מחשבותיו. עם מחשבותיו איבדו רעשי הרקע את עצמתם. בקדימות חייו נכנס הרקע. במרכז עמד לו פיתוח האסטרטגיה שלו.

האסטרטגיה

מאז שהוא החליט, לפתח אסטרטגיה, הסתובבו מחשבותיו במעגל. מחשבותיו גלגלו את השאלה העיקרית, איך יוכל לשכנע את איזבלה. עדיין יש מהלך קודם. הוא חייב להיפרד מאשתו! אבל איך זה ילך? לא היה לה מקצוע, והיא לא יכולה לחיות לבד. השאלה המשנית הייתה, איך הוא יכול להיפטר ממנפרד ינובסקי מתחרו האמיץ. כנגד דעתו הייתה, שבעלה של איזבלה היווה את הבעיה הקטנה ביותר, שאינה שווה מחשבה. הוא המשיך לחשוב שאינגבורג יכולה להיות מקור לאינפורמציה, כי היא מעורבת במה שקורה, כי היא ידעה מקוומם של אשתו, איזבלה ומנפרד. שניהם, מנקודת מבטה של אינגבורג, היו פציינטים. אינגבורג עלולה להכיר את האסטרטגיה. מחשבותיו של קריסטיאן רקמו תמונה שלמה אשר אמורה להתחבר ביחד. תמונתו הציגה אותו עם איזבלה בחיים חדשים.

מנפרד בא לפגישה ללא איחור. עוד פעם דובר על מעשהו. ביום זה קריסטיאן היה אמור לארוב למנפרד בקבלה, כדי שאינגבורג, תהיה עדה לשיחה בינו לבין הפציינטים שלו. קריסטיאן העסיק את עצמו בקבלה עד שמנפרד הגיע. בחיוך התחיל קריסטיאן את שיחתו עם מנפרד, בכך שהעיר לו, שהוא אינו מוכשר לעבודת כפיים. הוא מחפש דחוף צבע טוב, שיכסה את התקרות בביתו. "תאמר לי אדון ינובסקי, האם אינך צבע?" "כן, אדוני הרופא, את המקצוע הזה רכשתי בבית הכלא." עם חיוך אמר קריסטיאן

לעוזרתו, שזה אמור להיות מזלו, שבדיוק ברגע זה נמצא האדם שהוא זקוק לו. "אדון ינובסקי, האם אני יכול להציע לך עבודה? כמובן שאשלם לך עבורה. לי קרתה תאונה. חוסר הכישרון שלי הביא לכך, שעשיתי כתם גדול בסלון על הטפטים. בניסיון לדחוף את הספה, שפשפתי את הקיר. ניסיתי לצבוע את המקום עם אותו צבע. לא לקחתי בחשבון, שהקיר היה כה מצהיב, כך שההבדל הנו גדול מדי." "כמובן שאני אבוא, לסלק את הנזק אדוני דוקטור שפיגלר," ענה מנפרד. עם החדשות האלה הציע קריסטיאן למנפרד להיכנס לחדרו. כדי לא להשכיח את הסצנה הזאת, קרא קריסטיאן לעוזרתו אינגבורג, אוחז בידית חדר העבודה, שהוא זכה באדם מקצועי כה טוב ונראה בכך מאושר. קריסטיאן הציע למנפרד לבוא בעוד שבוע למרפאה, כדי לקבל את המפתח לדירה. הוא סיפר למנפרד, שאשתו תהיה עסוקה להסיע את בתם המשותפת לבית ספר בכפר. אז יוכל מנפרד לעבוד בשקט.

באחד הערבים הבאים, עמד קריסטיאן לפני ביתה של איזבלה. הוא בחן כל חלון בדירתה, בתקווה לראותה. עד שכלבו הסב את תשומת ליבו לאדם שהלך עם כלב הזאב שלו לטייל. הוא נסע לביתו, נכנס לדירה וזרק מבט לחדר הילדים, למרות שידע, שבתו אמורה להימצא בנסיעה עם הכיתה. הוא בדק זאת, כדי להיות בטוח, שבתו אינה נמצאת בדירה. קריסטיאן היה לבד עם אשתו.

האישה החסרה

ביום שלישי, 23 ביולי 2006 קריסטיאן נכנס כהרגלו למרפאה. בשעה 8:30 נתן קריסטיאן את המפתח למנפרד בנוכחות אינגבורג בקבלה, עם הבקשה, להחזיר את המפתח לאינגבורג מעט לפני סוף יום העבודה. בערב עזב קריסטיאן כהרגלו את המרפאה ונסע הביתה. הוא בדק את עבודתו של מנפרד והתקשר אליו להודות לו על עבודתו. בשעה 21:00 קריסטיאן התקשר למשטרה, כדי להודיע על חסרונה של אשתו. השוטרים הודיעו לו, שהוא צריך להמתין לפחות יום אחד, כי יתכן ואשתו עצרה במקום אחר ושכחה להודיע לו. קריסטיאן התרגז למשמע הערה זו של השוטרים. הם יכלו מאוחר יותר להיזכר ברוגז של קריסטיאן.

בבוקר של ה-24 ביולי 2006 העירה צעקה את גרי הבית, בו גרו קריסטיאן ומשפחתו מזה שנים בתור דיירים מכובדים. קול אשה נשמע דרך הקירות, "עזרה! עזרה! אשתו של הדוקטור שוכבת מתה במרתף!" עוד לפני שקריסטיאן פתח את דלת דירתו, להראות עניין במה שקרה בחדר המדרגות, הוא הבחין בקולה של סירנת המשטרה. קריסטיאן פשט את כותנת הלילה, שם אותה על השירותים והתקלח. לאחר צלצולים ודפיקות רבות פתח קריסטיאן את דלת דירתו. לפניו עמדו שני שוטרים. אף אחד לא ידע לעולם, אם קריסטיאן רעד בגלל שיצא מהמקלחת וקפא, או שהוא רעד מפחד. הסוואתו של קריסטיאן היתה מושלמת. אחד מהשוטרים

אמר בקול שקט, שהוא צריך קודם כל להתלבש. כי יש לו משהו חשוב להודיע לו. קריסטיאן ביקש הסבר מיידי, כי אשתו נעדרת עוד מאתמול. הוא הרי התקשר כבר אתמול בערב והתלונן במשטרה. קריסטיאן שאל בקול רועד, האם המקרה הזה קשור באשתו. השוטר ענה בערנות "כן". הוא המשיך בקול ללא צליל ואמר לו, שאשתו נמצאה מתה לפני מספר רגעים במרתף הבית. קריסטיאן ביקש מהשוטרים להיכנס. הוא נפל על הכורסה, תפס במצחו, כדי להפגין, שהוא מנסה לאסוף את מחשבותיו להוכיח שלא ידע מה לעשות. הוא הדגיש את חוסר הישע שלו עם תנועה מודגשת על מצחו הרחוץ. קריסטיאן הריח נקי. השוטרים שתקו. קריסטיאן מלמל: "מה...לא, איך זה קרה?" "הניתוח לאחר המוות יסביר יותר. עד כה אנחנו רק יודעים, שהיא נדקרה. אנחנו מבקשים ממך, ללוות אותנו לתחנה, על מנת לענות על מספר שאלות." "ברור, אני צריך רק להתקשר לקליניקה, שאני לא יכול לבוא." כדי לרכוש יותר כבוד מהשוטרים השתמש קריסטיאן בטריק פשוט. בכך שהוא כינה את השוטר בתואר קומיסר, העלה קריסטיאן את ערכו של השוטר. זה נתן לשוטר הרגשה שהוא מישהו חשוב יותר. ביחד עם זאת הוא קיבל דרך התיקון אישור שלפניו עמד שוטר פשוט, מה שהחזיר אותו למציאות. אחרי שקריסטיאן העלה את הערכתו, העריך השוטר את עצמו פחות, שכן הוא הצטרך להודיע על דרגתו האמתית. זה היה אמור לתת לשוטר הרגשה שאין לו זכות להציג שאלות מדויקות

יותר. תכניתו של קריסטיאן הצליחה. במקום להציג לו שאלות, השוטרים הצטערו אתו. אדם רצח את אשתו עשרים ושתיים דקירות סכין. "מה?" שאל קריסטיאן "עם עשרים ושתיים דקירות סכין?" "כן, זה אומר לך משהו? מדוע אתה מגיב בתדהמה כה גדולה?" "כן, אתם יודעים שאני רופא ונמצא תחת שבועת שתיקה. מותר לי רק לומר לכם, שאתמול עבד אצלי צבע, אני מתכוון אצלנו בדירה, על מנת לצבוע את הקיר. שמו הוא מנפרד ינובסקי."

אחרי הצהריים נתפס מנפרד בדירתו על ידי השוטרים. העדות של עוזרת הרופא ושל הפסיכיאטר הספיקו לתביעה הכללית, כדי לסגור את מנפרד לשארית חייו בכלא.

חלומותיו של קריסטיאן

קריסטיאן נהנה מהזמן עם איזבלה. הוא דחה את הפגישות עם הפציינטים האחרים, על מנת למסרם לחולה האהובה שלו. איזבלה באה לכל הפגישות. עם כל פגישה הייתה לה ההרגשה, שהיא כנראה חולה מאוד. אמונתה בו גדלה כי היא הבחינה, שהוא כל כך מתאמץ לעזור לה. היא שלחה לו דוא"ל כמו שהוא עמד על כך. דוא"ל, שמגלה את שיריה החדשים. שירים, שמלבד קריסטיאן אף אחד לא קרא. הוא רצה להיות הראשון, שקיבל אותם לקרוא. מה שלאיזבלה נראה בתור תרפיה, היה לקריסטיאן הוכחת אהבה. עבורו היו שיריה, הוכחה לאהבתה אליו. הוא לא ציטט את שיריה. הוא לא ניתח אותם, הוא פשוט נהנה מהם. נשלט על ידי רגשותיו, קריסטיאן שלח את תשובותיו על הדוא"ל שלה. בחוסר בטחון הוא כתב, שהשירים העירו בו רגשות, שהוא מאז ילדותו לא הרגיש. רגשות, אשר שחררו אותו מהיום יום וחטפו אותו חזרה לעבר. זיכרונות התעוררו, ואפשרו לו לחלום. חלומות, אשר נהיו לתכניות, שהבטיחו לאיזבלה שתעשה לאשתו. איזבלה לקחה את תשובותיו של קריסטיאן ברגשות מעורבים. היא לא יכלה להבין את התגובות שלו. היא חשבה, שכאן מדובר רק בתרפיה. מאז השיר הראשון כתב קריסטיאן מספר דוא"ל לאיזבלה, אשר תיארו את רגשותיו אליה. אחרי מספר ערבים התוודה קריסטיאן אליה, שהוא אוהב אותה. עבורו הייתה התשובה אודות אהבתו מובנת, כי היא שלחה לו את שירי האהבה שלה. איזבלה

הייתה מגורה, אמונתה הפכה לתלות. בשעות התרפיה היא חשה בטוחה, שקריסטיאן חייב להיות צודק, כי הוא היה פסיכיאטר, אשר הכיר אותה טוב יותר מאשר היא עצמה. הפסיכיאטר הרי הבטיח לה שהיא תשוב למצוא את רגשותיה. היה לה ספק שאת רגשותיה האבודים תמצא מחדש אצלו, אבל זה לא היה בלתי אפשרי. הוא הזמין אותה לסעוד. המסעדה האיטלקית הקטנה נהייתה למסעדת הבית שלהם. לאחר מספר שבועות איזבלה עברה לגור בדירתו של קריסטיאן, שבה כתמי הדם על הקירות נצבעו באופן מקצועי בצבע טרי. בתו של קריסטיאן עברה דירה לבית סבה וסבתה, כי בשל הזיכרונות אודות האם שנרצחה לא יכלה לישון שם יותר. האב בירך אותה על ההחלטה הזאת. קריסטיאן תמך בה אפילו, בכך שאמר לה, שבגללו היא לא צריכה להישאר בדירה. היא הרי כבר כל כך בוגרת, שהיא יכולה להחליט ללא מחשבות שתתפגע ברגשות אביה. הוא תיאר לנערה את החיים עם סבה וסבתה בצורה כל כך נחמדה, לעומת החיים אתו. אחרי המעבר התמעט הקשר לבתו. אחרי מספר שבועות היא נשארה רק כצל בזיכרונותיו, כאשר הפציינטים דברו על בעיות עם ילדיהם המתבגרים. דרך הזיכרונות על בתו יכול היה לחדד את הבנתו כלפי הפציינטים. יותר עניין לא התעורר אצלו. עבורו היה לו רק עתיד אחד והוא בזוגיות עם איזבלה. החיים המשותפים אתה, עשו ממנו, אישיות חדשה. מהאב והבעל נהיה מאהב.

זמן האהבה

שעות העבודה שלו התקצרו, כדי שהוא יוכל לבלות זמן רב יותר עם איזבלה. בדיוק בשעה 17:30 הוא עזב את המרפאה ונסע הביתה בדרך הקצרה ביותר, כדי שלא לבזבז אפילו שניה אחת בלעדיה. העליה במדרגות לדירה נהייתה להרגל של התרגשות. עם כל מדרגה שהוא עלה גדלו אצלו הגעגועים. געגועים, שלא היו מוכרים לו. התרגשות, שגרמה לאבר מינו להזדקף. הוא נהייה מיום ליום מודע יותר לכך, שעם המדרגה האחרונה נהייה אבר מינו קשיח. הוא סגר את הדלת מאחוריו, נכנס למסדרון וחי את האשליה שאיזבלה תקבל אותו עם כותונת לילה מפתה. אבל זה אמור היה להישאר רק בתור אשליה. איזבלה נראתה כאילו לא שמה לב למרות קריאות הברכה שהדהדו בכל הדירה. איזבלה נשארה לשבת בחדרה, כאשר היה לה עוד מה לכתוב. היא נשארה לשבת על הספה, כאשר היה לה מה לקרוא. טעמה את האוכל, כאשר היא בישלה משהו. זה היה רצונו המפורש של קריסטיאן, שתבשל רק כאשר היה לה חשק. לו היה קשה לחשוב שהוא חי בחברת עקרת בית. הוא רצה אשה שתספק אותו. לא אחת שתבשל לו. נשים כאלה לא היו אירוטיות. הוא רצה אהבה ולאהוב. קריסטיאן העניק לאיזבלה מה שעבורו היה אהבה. הוא ראה אותה כמו שהוא רצה לראות. קריסטיאן לא שאל אותה אף לא פעם אחת מה הייתה רגשותיה. מספיק שהיו לו רגשות אליה. איזבלה הייתה האידיאליזציה של אהבתו.

שמה, שערה, השירים שכתבה, אלה דיברו לרגשותיו וריגשו אותו .

באחד מימי ראשון הגשומים ירדה איזבלה למרתף כדי להביא אלבום תמונות מאחד מארגזיה. במהלך חיפושיה במרתף היא מצאה מזוודה ישנה, קטנה ומעופשת שהייתה כבת 50 שנה. סקרנותה הכריחה אותה לפתחה. היא מצאה שם מחברת ציור ישנה, צבעים, וספר ישן אשר הלחות כבר חלחלה לתוכו. היא דפדפה בו מצאה בו מספרי טלפון, ציורים, רשימת שיעורי בית, שנכתבו ביד של ילד. היא הבינה שזוהי מחברת שליוותה את קריסטיאן בנערותו. בחיוך היא קראה דף אחרי דף. באמצע הספר היא מצאה שיר. מוקף בלב היה שמה של נערה רבקה כתוב באדום בצידו של הדף. היא רצה במעלה המדרגות לקריסטיאן. מרחוק היא קראה לו שהיא מצאה משהו יפה. קריסטיאן ראה את שמחתה וקרא אליה מה יכול להיות כה יפה. אולי עכברוש מזהב. ההומור של קריסטיאן היה לעתים קרובות חסר טעם. איזבלה קרסה לתוך הכורסה ופתחה את הספר השחור. היא הקריאה לו את השיר שפעם קריסטיאן כתב לאהבתו הראשונה. בחיוך משומן וגבות מוגבהות איזבלה עשתה ממנו צחוק, בכך שהיא הוסיפה, שהוא הנו משורר קטן. קריסטיאן כחכח בגרונו ועזב את החדר ללא מילה. הוא פסע לתוך השירותים ונעל את הדלת מאחוריו. מילותיה של איזבלה צלצלו באוזניו, כמו גשם זלעפות מאחורי ההר. ללא מחשבה הוא ישב על מכסה האסלה. מוצג כטיפש שעשו ממנו צחוק הוא נחבא במה שהיה

נראה כמקום מסתורי. הוא חש עצמו חסר משמעות בתוך מה שהיה שירותי אורחים. אדם, שלא היה לו מה להציע יותר, מעבר למה שהיה מקום בן מטר מרובע. חייו החדשים נראו כבויים. רגש ריקנות שלא ניתנת למדידה התפשט בתוכו. ואקום בלתי נגמר מילא את החדר והחניק את כל רגשות ההיגיון. שקט כבד בתוכו נתן לראשו ליפול בתוך ידיו. "הכל בסדר?" נשמע מתוך הסלון. תשובתו הביאה אותו לחשוב. "כן, רק שילשול." אחרי מספר דקות ללא סוף, הוא עזב את חדר השירותים והלך לאיזבלה. "היי, אתה המשורר, גלה לי מי זאת רבקה!" ללא קול הוא ענה, שאין לו מושג, מי יכולה להיות רבקה.

הוא חשב, היא לא תגלה זאת לעולם, כי אינה מסוגלת להבין בכלל. איזבלה עזבה, מבולבלת את החדר והלכה לחדר השינה, כדי לעבוד שם. אחרי שעות בדממה לקח קריסטיאן את הספר הקטן השחור בידו וקרא את השיר שלו, אשר כתב לאהבתו. בזמן שהוא קרא הוא ראה את עצמו עומד בחצר בית הספר. הוא ראה את עיניה, את שערותיה ואת חיוכה. הזיכרונות העלו בתוכו את הרגש, שהחליף את הריקנות בגעגועים אין סופיים. הוא נרדם עם הגעגועים, הספר השחור בידו, על הכורסה.

הוא התעורר ביום שני בבוקר מלא פחד. איזבלה לא העירה אותו. קריסטיאן לא התעורר בזמן בפעם הראשונה בחייו. מביש הוא נכנס למרפאה. ביום הזה הוא סיים מהר עם הפציינטים שלו. הריקנות בתוכו לא אפשרה לו

שום שיחה ארוכה. על השאלות הוא מצא בקושי תשובות. הקרבה לפציינטים החניקה אותו והוא רצה לבלות אתם מה שפחות זמן. אידי הריקנות חנקו את מחשבותיו. כמו חי קבור היו רגשותיו ומחשבותיו. מאומה לא נע בתוכו.

הדרך הביתה התארכה מתמיד. מעולם הוא לא חש שהדרך כה חשוכה וחסרת צבע כמו ביום הזה. החשיכה היורדת נטלה את הצבעים מהדרך. הערב עם איזבלה היה שקט וחסר רגשות. השבוע הבא לא היה אמור להביא אתו אלא שתיקה. חסרי צבע ואפורים עברו עליו הימים. ללא צליל הכו השעות הקשות, שנראו כאין להן סוף.

שקט ישב לו קריסטיאן במרפאה. עם גב הכיסא כנגד האור הוא שקע בתוך כיסא המשרד. מתוך השקט הוא שמע את רשרוש המטאטא המונוטוני, המשפשף את אבני החצר, אשר טואטא על ידי השכן בסדירות. קריסטיאן הבחין בשפשופים החורקים. חריקות המטאטא הביאו אותו למצב, שהוא שכח את ריקנותו. הוא נבהל עם נפילתו של המטאטא. הבהלה נתנה לו להבחין בגץ אחד, אשר הביא לו תמונה אחת, שנראתה לו גזורה מהעתיד. שניות, בהן הוא צפה בשנותיו הבאות. מתוך הריקנות העמוקה צצה לה התקווה. היתה לו מטרה מול העיניים, אשר הרימה אותו מהכורסה ונתנה לו להתקדם. בקבלה, מתחת לדלפק של עוזרתו, נחבא לו סדר מדויק עד בושה, בו כל דבר היה נראה מונח על מקומו, אם חיפשו במקום הנכון. עם כל שניה

קריסטיאן נהייה יותר אגרסיבי. המגירות נתלשו ממקומם ולא יכלו להסגר שוב. לבסוף הוא מצא את מה שחיפש, מה שאמור היה להחזיר לו את התקווה. ספר בעלי המקצוע היה בידיו. ברשימת המקצועות הוא מצא בלש פרטי, העובד גם בארצות אחרות. הטלפון הראשון כבר הצליח לו. הבלש ייקח על עצמו את המקרה של קריסטיאן. בפגישה אחת פתח קריסטיאן את זכרונו אודות כל מה שידע על רבקה בפני הבלש. עם האינפורמציה המעטה וחיוך על פניו לקח הבלש את האינפורמציה הדלה הדלה ממנו.

את הרגעים הלא נגמרים בהמתנה, ניסה קריסטיאן לגשר עם איזבלה. הוא היה כלפיה מלא בשנאה, מאז ששמע את השיר שלו מפיה. הוא פשוט התעלם ממנה. הוא לא כיבד אותה. הוא התקרב אליה כמעט כל לילה. קריסטיאן נשכב עליה ודחף את אבר מינו לתוכה כאילו ניסה לשפד אותה. אפילו צעקות הכאב של איזבלה השאירו אותו חסר רחמים. איזבלה נהייתה שקטה, עייפה ועצובה. אדמימות בוערת בתוכה הביאה אותה לרופאת נשים. פריחה מגרדת של העור לרופא עור. כאבי בטן דוקרים לרופא פנימי. העצבות לפסיכולוגית. אחרי כל פגישה נהייה קריסטיאן עוד יותר אגרסיבי כלפיה. בעצת הפסיכולוגית שלה היא עזבה את הדירה המשותפת לאחר שבועות מעטים.

מה שקרה הביא את איזבלה לייאוש. מה שהביא אותה בפגישה הבאה לרעיון חדש. הרעיון זו היה

לקחת עורכת דין, שייעצה לה להגיש תלונה על ניצול פציינטים. עם הידע הזה כוונו מחשבותיה להפיץ את האמת אודות האיש, שפעם האמינה בו. האמונה בניצול דירדרה את איזבלה למצב של דכאון איום, שהיא הרגישה כפגיעה גופנית. לה נהייה ברור, שהיא הייתה קרבן לפושע סוטה. תפקיד הקרבן הבעיר באיזבלה זעם, שנתן לה כוח, להתלונן עליו אצל התביעה. במהלך השאלות דרך עורכת דינה היא אמרה שנחירותיו בלילה לא היו הדבר הנורא ביותר. גרוע יותר היו הגזים שלו. הסירחון היה חונק אותה כל לילה ומשאיר אותה ערה. בנוסף הוא סבל מתופעת "PLMS"היא הסבירה "זה קיצור להתכווצות שרירים חוזרת או זריקת רגליים בזמן שינה, רעש של הרגליים שאי אפשר שלא לשמעו. רגליו התנועעו ודפקו במשך כל הלילה, כך שהוא חש כאילו רץ דרך היער. העובדה, שחדר השינה הסריח תמך בהרגשתו המדומה, שכן הוא הסיק, שהוא חלף בשנתו על יד בור שפכים." כדי להדחיק את הניצול שלה היא חיפשה אירועים מיוחדים שהיא חוותה עם קריסטיאן. היא תיארה את התנהגותו באכילה, בשתייה, ובמשך היום. אבל היא לא קראה לכך ניצול. היא הייתה קרבן, אבל היא לא רצתה לעמוד לפניהם גם בתור חולה פסיכיאטרית, בתור מטורפת. איזבלה לא כתבה יותר. היא לא צחקה יותר. היא רק חיה את מה שחוותה, פחד. סגורה בתוך תא מפלדה קרה שלא מאפשר לשמוע צעקה חזקה .

אבל אחרי שעות עדות רבות היא הפסיקה להדחיק את הניצול. היא תיארה, שהיא הייתה

אחת מהפציינטים שלו, אחת שחיפשה את רגשותיה האבודים, אחת שחיפשה עזרה אצל ד"ר קריסטיאן שפיגלר. לאחר מספר פגישות נהיו השיחות אינטימיות יותר. דרך האינטימיות הגיעו לשיחות פרטיות. אלו נמשכו לאחר מכן באווירה ביתית.

ביום שלישי אחד בשעה 9:30 התחיל הדיון המשפטי. קריסטיאן לבש חליפה אפורה. איזבלה התלבשה בשני חלקים, שנראה שנהיו רחבים למידותיה. הלחצים הרזו אותה. מעט הכסף, שעוד נותר לה, נפל כקרבן ל"עשיית צדק". השופט לא היה בן יותר מארבעים שנה. ללא איכפתיות, כמעט באדישות, הוא קרא את תיקי שני הצדדים. בין המריבות של תיקים אחרים בנושאי ניקיון של פחי אשפה ותאונת דרכים, בו למעשה מספר רישוי היה חסר, התנהל דיון על הניצול של איזבלה.

"אדון ד"ר שפיגלר, האם עורך דינך עדכן אותך ברמת האשמות נגדך? כך? אז אנחנו יכולים להתקדם. מה יש לך לדווח בקשר להאשמות אלו?" "אדוני השופט, כל מה שאני יכול לומר הוא, שהתובעת אינה בריאה בנפשה. זוהי הסיבה מדוע היא מבלבלת את המצב. למעשה אני הוא הקרבן ולא הגברת גרציאנו-שמידט. זה נכון, שהיא הייתה החולה שלי, כאשר אני הכרתי אותה. אבל, אדוני השופט, אנו כולנו הננו רק בני אדם. אני את איזבלה אהבתי. כך זה הגיע ליחסים בינינו, אשר גם היום הייתי ממשיך אותם באם היא לא הייתה עוזבת אותי. אני סובל

מהניתוק ממנה." במילים אלו הסתובב קריסטיאן אל איזבלה.

"מה?" ראה השופט את איזבלה צועקת בגועל נפש. למרות האזהרה, שעליה להתנהג בצורה שקטה, איבדה איזבלה את השליטה. "אתה תמצא בכלא מגרש שדים טוב, אשר מעדיף עבודה בפי הטבעת. באם עד אז לא תכיר את הגיהינום, אז תנסה זאת!" איזבלה הייתה ללא שליטה. השופט ביקש שקט והודיע על הפסקה. לאחר מכן הוא רצה להחליט על המקרה.

אחרי שעת הפסקה נכנס השופט לאולם, התיישב והקריא, בשם העם בתיק ד"ר שפיגלר נגד גרציאנו-שמידט פסק הדין, שגברת גרציאנו-שמידט לא הצליחה להוכיח את הניצול. כנגדה אהבתו של ד"ר שפיגלר מוכחת בבירור, כי הם חיו ביחד. עובדה זו הייתה ההוכחה, שכאן ניצול לא היה יכול לקרות. ללא מילים ובשקט עזבו הקרבן והתוקף את אולם בית המשפט.

עוד באותו יום דרש קריסטיאן דרך עורך דינו בתביעה שאיזבלה גרציאנו-שמידט לא תורשה להתקרב אליו למרחק של 150 מטר. הוא מרגיש מאוים על ידה על בסיס האשמותיה. החלטת השופט עשתה את נקמת קריסטיאן אמינה. איזבלה קבלה מספר ימים לאחר מכן את הדרישה לא להתקרב לד"ר שפיגלר.

מיואשת וחסרת כוח איזבלה ויתרה על ההמשך. היא חיפשה מפלט אצל בעלה לשעבר. אבל הוא

כבר היה חי ביחסים חדשים. ללא שמחה וחברים היא עברה לעיר אחרת. היא נעלמה מהעין. מספר חודשים מאוחר יותר דיווח עיתון כנסייתי בשני משפטים אודות המוות המוקדם, אבל הנבחר של איזבלה גרציאנו-שמידט.

החיפוש

כאשר הטלפון צלצל אחרי השעה 20:00 ידע קריסטיאן, שזה חייב להיות הבלש הפרטי. מאז שבתו חייה אצל הורי אשתו, צלצל הטלפון רק במקרים נדירים. הוריו התקשרו רק בסופי שבוע. חברים לא היו לו. בתו התקשרה אליו לטלפון הנייד. זה חייב להיות הבלש. אחרי תשע שבועות באה ההודעה הראשונה. מתרגש ובטוח בניצחונו קריסטיאן לקח את השפופרת בידו. עם ברכת הלו הוא קידם את הבלש. זה שאל באם הוא מדבר עם ד"ר שפיגלר. "כן, מה יכולת לברר על רבקה?" "אדוני ד"ר שפיגלר, זה לא כל כך פשוט כמו שאתה חושב. בכל מקרה זה יקר. כי אני נזקקתי לקחת מתרגם." "כסף לא משחק תפקיד. אמור לי רק היכן היא חיה." "לשם עדיין לא הגעתי, אדוני הרופא. דרך יד ושם מצאתי שהשם רוזנשטיין נמצא פעמים רבות. לכך נזקקתי לדעת לפחות את השם הפרטי של הסבתא רבה." "לא יאומן," הפסיק קריסטיאן את הבלש, "בשביל מה אני משלם לך למעשה? מדוע אינך מחפש דרך ספר הטלפונים של ישראל. זה לא יכול להיות כל כך קשה בעזרת המתרגם." "לזה כבר דאגתי. לצערי ללא הצלחה. כנראה שהיא נשואה." קריסטיאן איבד את השליטה וצעק לתוך השפופרת שהוא כנראה טיפש מדי כדי לפרסם מודעה בעיתון היומי, שמחפשים את רבקה פרידמן, נכדתה של סבתא רוזנשטיין מהעיר הקטנה בגרמניה. לאחר שנרגע נתן קריסטיאן לבלש להבין, שהוא אמור לעשות כך .

קריסטיאן העביר את הזמן בחיפושים דרך יד ושם באינטרנט. הוא קרא שם כל מה שנכתב על קרבנות השואה בתקווה שהמתים יספרו לו משהו אודות רבקה. הוא כתב כל פעם את השם רבקה פרידמן באינטרנט, בתקווה, שהוא ימצא אותה. ימצא אותה לפני שהיא תמצא גבר אחר. אחד שיתחתן אתה. הוא לא נתן מקום במחשבותיו, שהיא יכולה להיות נשואה. עם הביטחון שהיא מחכה לו, הוא חיפש דרך כל דפי מנוע החיפושים.

שתי מודעות בעיתון היומי הישראלי לא הביאו להצלחה. רבקה פרידמן, נכדתה של רוזנשטיין לא התקשרה. אחרי ארבעה שבועות נוספים, נתן קריסטיאן לבלש את התשלום האחרון.

קריסטיאן נפל לתוך דכאון. שינה חסרת חלומות ליוותה את חייו העריריים. שבוע אחר שבוע חלפו עליו הימים. זמן, שהוא ניצל, להטמיע שהוא לבד.

באחד ביוני הוא קיבל מכתב מהבלש הפרטי. עם עיניים עייפות קרא קריסטיאן, שאחרי זמן רב ענתה אשה על המודעה בעיתון היומי. קריסטיאן נבהל. עם לב דופק הוא קרא את המילים בגרמנית של הישראלית. אשה זקנה הניחה עיתון ישן לקלף תפוחי אדמה עליו. כך היא קראה את מודעת החיפושים. היא נזכרה ברבקה פרידמן. היא הייתה החברה של בתה. אז הן חיו ברוממה, שכונה בירושלים. הן לא היו בקשר מזה שנים. בתה חיה היום בניו-יורק. הקוראת השאירה את

מספר הטלפון של בתה עם האינפורמציה, שהיא אינה מהצעירים ומסיבה זו אינה זוכרת יותר פרטים. בכל מקרה, בתה תשמח לעזור. שכן נראה שמדובר כאן בסיבה חשובה, כאשר גרמני אחד מחפש יהודיה דרך מודעה בעיתון.

על מנת שהמילים יצאו בצורה משכנעת, הוא כתב את מילותיו בצורה קלה לקריאה. בזמן ארוחת הבוקר צלצל הטלפון באמריקה. קול גבר ענה. קריסטיאן נבהל, הוא סגר את השפופרת ללא שאמר אפילו מילה.

אחרי שעה נוספת הוא חייג את המספר. להקלתו הוא נענה על ידי קולה של אשה. "הלו, אני מר שפיגלר מגרמניה. אני חבר של רבקה פרידמן. את יכולה לתת לי את כתובתה בישראל בבקשה?" האישה בטלפון חקרה אותו מה מה רצונו מרבקה. קריסטיאן נתן לה להבין, שהוא בחיפוש אחרי חברה ישנה מבית הספר, כי אחרי כמעט שלושים שנה הוא רוצה לארגן פגישת מחזור.

למרות כל הזהירות מצידה היתה השיחה משמחת, והיא נתנה לו את הכתובת בישראל. האישה בטלפון לא נתנה לו יותר מאשר את הכתובת.

ישראל האמתית

קריסטיאן לא הצליח להרדם בלילה של אותו יום מוצלח. הוא לא היה זקוק כמעט לשינה. הרגשת האושר הביאה לו הרגשה שאינו יכול להכשל. הוא הזמין טיסה לישראל. בבוקר הבא קיבלה אינגבורג את ההוראה לדחות את כל הפגישות החל מה-16 ביוני. היא אמורה לקחת חופש כמוהו. אינגבורג הייתה מופתעת לשמוע ממנו על תכניותיו. מה-24 ביוני תפתח המרפאה שוב. עד היא תקבל חופש נוסף בתשלום, שהיא הרוויחה לה ביושר. אחרי כל השנים הקשות, "ואת נוכחותה חסרת הערך" הוסיף הוא לעצמו במחשבותיו.

ה-16 ביוני היה יום קיצי. מוקדם בבוקר התעורר קריסטיאן לקרני השמש הראשונות, קפץ ממיטתו כמו נער צעיר, אשר קיבל אופניים במתנה. הוא בדק פעם נוספת את מזוודתו, לוודא שארז בגדים מתאימים לכל אירוע. קריסטיאן חשב רק על המצבים שיכול היה לתאר לעצמו. חליפה שחורה הייתה במזוודתו. כי חלומו היפה ביותר היה, שרבקה תרצה להינשא לו. אולי היא מתגעגעת לגבר, שהיא ראתה כחבר ללימודים, בדיוק כמות שהוא זכר אותה. מאז חודשים חי לו קריסטיאן בתוך המצגת שלו עם רבקה ביחד. חלומותיו דחקו את המציאות הלאה. החלום שיהיה לו למציאות. בהיותו לבד הוא העביר את זמנו עם המציאות החלומית. הציפיות הפכו להווה. קריסטיאן התנהג לאחרים כמו שחקן, שצריך לעמוד מול קהל כגיבור. תפקיד הגיבור

הזוכה העניק לו בטחון שרבקה תכבד אותו. הוא, גבר המעשים, יכבוש את רבקה. הלוחם שתמיד רוצה להגן עליה, שמוכיח לה זאת. כך אמורה רבקה להביט אליו למעלה, לקחת אותו ולאהוב אותו.

בזמן הנסיעה לשדה התעופה הוא חשב על ההתפתחות שעברה על גרמניה. שכן רבקה לא בילתה את חייה כאן בזמן שחומת ברלין נפלה. כך שלא הייתה יכולה לדעת על התוצאות של האיחוד מחדש. לדעתו הייתה גרמניה הארץ היחידה בעולם שעברה שינוי כזה בהצלחה כזאת. כל הארצות האחרות היו פושטות את הרגל. אבל הארץ בה תחייה רבקה, תעניק לה לוקסוס, אשר אליה ישראל לא יכלה להשתוות. קריסטיאן התחיל לדמיין את ישראל. התמונות היחידות שהוא אי פעם ראה, היו החורבות של מצדה. מעבר אליה חלק של ים המלח בו מתרחץ שוכב על גבו ומחזיק עיתון מעל בטנו. קריסטיאן חשב על ישראל בתור מדינה שאמורה להיות חלק מהעולם השלישי. כבישים לא כבושים, המובילים לשום מקום. בתים, ששירותים שלהם נמצאים בחוץ. ערים מלאות חורבות, זבל ואפר. ארץ המאופינת במלחמות ואלימות. אנשים, בבגדים זולים ומשומשים מהשווקים, המוציאים את מעט כספם על קניית לחם. ילדים מורעבים, המטפסים על כל אדם עובר אורח ומקבצים נדבות. מצגותיו על ישראל נתנו לו הרגשה שיש לו זכויות בתור אדם טוב יותר. אדם מהעולם המודרני המבקר בארץ המדבר ישראל, מה שיפתח בפניו את כל הדלתות.

בשדה התעופה הוא הישיר פעמיו לחנות ללא מכס. עד כה הוא לא מצא את הזמן לקנות מתנה לרבקה. בדרכו הוא התעלם ממוצרי האלכוהול והממתקים. בשום מקרה הוא לא רצה אשה שתויה או שמנה לצידו. רבקה הייתה עבורו אשה נשית ורכה. היה לה כל מה שגבר ביקש לעצמו. חושניותה, שעשתה רושם משתיק על הגברים. גופה העדין, המודגש על ידי שדיים מלאות, אשר בגלל בגדיה ההדוקים היו נראים בזקיפותן. שמלה שחורה שסימנה את מתניה, שכל גבר חולם להקיף אותן בידיו. שדיה שהן כה מלאות, כך שהן ממלאות ידי גבר. נשיות, שעושה איש לגבר ומעניקה לו כוח. הכוח להחזיק ולרכוש כל דבר. לחוש שהכוח במלואו נמצא בידיו. ריח, המרחיב את הקרינה החושנית לבריזה איכותית, אשר עושה את האוהבים לפעמון אחיד של חושניות וזוגיות שלא ניתנת להפרדה. מוסתרת משאר העולם. נפרדת בתוך ענן ריחני של הזוגיות.

קריסטיאן נעמד בתוך חנות הבשמים. מדפים מלאים עד התקרה עם אריזות ומכלים מסוגננים, צבעים וצורות, שמגלות משהו על ההיגיון של תוכנן. שאמורים להדגיש את האנשים. ריחות, שרמת נאהבתם מתבטאות בגובה מחירם ומאפשרים לאנשים להראות אצילים יותר. רמת המחיר נתנה לקריסטיאן אורייינטציה. מהיקרים, הוא קנה את הזול ביותר.

אולם ההמתנה במסוף התמלא מרגע לרגע יותר ויותר. מושבים ריקים נתפסו על ידי גברים, נשים

ילדים. מספר מושבים שימשו בתור מקום
להחזקת תיקי יד אשר לא היו מיועדים לגעת
ברצפה. חלון הפנורמה אפשר לקריסטיאן
לצפות ממושבו במסלול המוביל להמראה.
באותו זמן נחת מטוס אחד ומטוס שני התחיל
לנוע. הוא ראה מגרש חנייה לזמן ארוך, את
הכביש המוביל לשדה התעופה ואוטובוס אחד,
אשר התחיל להוריד את נוסעיו. הכתובת על
האוטובוס ציינה, שהוא הגיע מבלגיה. קריסטיאן
צפה במה שקרה. שני גברים עם כובעים
שחורים, ירדו מהאוטובוס. גברים נוספים עם
כובעים, מעילים שחורים ארוכים ומכנסיים
קצרים במקצת מאורכם הרגיל, ירדו והתאספו
ביחד. נשים בחצאיות ארוכות ונעלים שטוחות
ירדו אחריהם מהאוטובוס. רוב הנשים חבשו
כובעי בד בצבעים רבים. אחדות נתנו לשערן
להתנופף ברוח. קריסטיאן שם לב, שלכל הנשים
כמעט היתה תספורת באותו אורך, ולפעמים גם
אותו צבע שיער. במבט יותר קרוב גילה
קריסטיאן, שהנשים חבשו פאות. הוא ראה את
פניו של אחד הגברים. בין הזקן הארוך והאפור
לאוזנים השאיר הכובע השחור שתי פאות
מגולגלות. קריסטיאן נבהל בתוכו כאשר ראה
את הפאות, את התלתלים הצדדים של הגברים.
רבקה נעלמה במהירות של ברק ממחשבותיו.
אלו הם יהודים! ההכרה הזאת שחררה בתוכו
פחד עמוק. הוא הלך חזרה למקומו. התיישב
ונשם עמוקות. הדלתות לאולם הגדול נפתחו
להן. יהודים אורתודוקסים, שכולם נראו כמו
רבנים, נכנסו לאולם וחיפשו מקום פנוי. נשימתו

של קריסטיאן נהייתה מהירה. בפעם הראשונה בחייו, כך הוא חשב לעצמו, הוא ראה יהודים. מאז נערותו הוא קרא על כך, למד ושמע, כל מה שהיה אפשר לדעת. עכשיו הוא פגש אותם. שעות אחרי הצהריים נמוגו לאטם לתוך הערב. לידו ישב גבר במכנסי ג'ינס וחולצה, שעברה כביסות רבות, עד שהיה קשה להכיר את צבעיה. קריסטיאן סובב את חלק גופו העליון, כדי לספק את סקרנותו. בערה בתוכו השאלה, במה היו גברים אלו יהודים. הוא היה בקרבתם ולא שם לב שהם שונים ממנו.

הוא ראה, איך ליד אחד הקירות התאספו הגברים. כולם עמדו בכיוון אחד והתחילו להתנדנד. מלבדו רק מעט גברים לא עזבו את מושבם. קריסטיאן חש כמו שאינו שייך, מוגבל, וחסר ערך. הוא התבייש לעצמו, לא להשתייך לרוב הגברים. בושתו התחלפה לה בקנאה. מקנא הוא צפה בסתר, על הגברים המתפללים.

הקריאה לעליה למטוס, העבירה את מבטו לשורה של הנוסעים העולים. אף על פי שהמושבים היו מוזמנים מראש, כל אחד רצה להיות הראשון להיכנס למטוס. אף אחד לא דחף, אבל כל אחד צפה בשני, כך שאף אחד לא יעקוף את האחר.

במושבו הוא הכין את עצמו לטיסה של שעות אחדות. לידו ישב גבר בחליפה שחורה עם כובע. הגבר הוציא ספר בכתב עברי מכיס חליפתו

והעמיק בו מבלי לשים לב לקריסטיאן. אחרי המשקה הראשון אכל קריסטיאן את ארוחתו הכשרה הראשונה בחייו. הוא נרדם עם בטן מלאה, עד שהוכרזה הקריאה לחגור חגורות לנחיתה בישראל.

המטוס עצר. אנשים נעמדו. כל אחד רצה להיות הראשון, שיעזוב את המטוס. ניסיונו של קריסטיאן, לקבל רושם ראשון דרך החלון הקטן לידו הוא ישב, נכשל. הוא לא הצליח לראות בחשיכה את הנוף. המבוך מהמטוס הוביל למדרגות נעות. קריסטיאן הופתע מגודלו של שדה התעופה. כשעה אחרי הנחיתה הוא מצא את המזוודה שלו. היציאה התקרבה. דלתות הזכוכית נפתחו לצדדים. קריסטיאן עזב את האולם הממוזג של שדה התעופה דוד בן גוריון. את הצעד הראשון הוא עשה עם פה פתוח. מבט אחד היה אמור להכיל את כל הארץ. מה שראה, פקח את עיניו לרווחה. נשימתו נעצרה. האוויר הלח, המכיל גזי רכבים חסם את שאיפת האוויר הראשונה, שקריסטיאן חגג במחשבותיו פעמים רבות. בואו לארץ הקודש אמור היה להיות רגע מיוחד. אבל בטון וגשרי אבן הסתירו את מבטו הראשון. רעש המנועים של המכוניות הנוסעות הקפיא את יכולת אבחנתו. צפצופי הנהגים העצבניים הסיחו את דעתו מהקשיים עם האוויר לנשימה. ברגע הראשון היתה לו הרגשה, שגופו לא יוכל לעמוד בכך זמן. מוניות נסעו לפניו, העמיסו מזוודות ואנשים לתוכם, ונסעו הלאה. הוא עלה למונית הבאה. עוד לפני שהנהג הצליח לשאלו אמר קריסטיאן בטון דומיננטי "תל אביב,

מלון בית שלמה!" שותק נסע הנהג לאורך הרחוב החד כיווני והמשיך בכביש רב המסלולים, כאילו הבין את הוראותיו של קריסטיאן. דרכים רחבות ומאירות הראו לקריסטיאן, שהוא הולך ומתקרב לרבקה שלו. אף לא דבר ממה שקריסטיאן ראה היה דומה לציפיותיו. לאחר מספר קילומטרים הוא ראה מרחוק את קו השמים, אשר היה דומה יותר למנהטן מאשר לתמונה אותה צייר במחשבותיו. ליד גורדי שחקים מודרניים, שהציגו כוח ועושר, קריסטיאן ראה צללית של גינה. החשיכה העלימה את עצי התמר. האם הם באמת היו הדבר הירוק הראשון, שמדבר גורדי השחקים הציע. הרחובות נהיו צרים יותר. הבתים נהיו בני ארבע או שלוש קומות. המונית עצרה ליד בית מלון. קריסטיאן ראה במונה את סכום הנסיעה. לא עניין אותו, מה שהנהג אומר. קריסטיאן רצה בעצמו להתרשם מהחשבון. הוא שלף חבילה של שקלים מכיס מכנסיו, בדק כל שטר כסף, לפני ששילם לנהג. ללא מילה הוא יצא מהמונית לקח את המזוודה ונכנס סקפטי לתוך המלון. הוא סקר את התקרה, את השטיח ואת דלפק הקבלה. עמד וחיכה לפקיד הקבלה. עם כחכוח מסר קריסטיאן את שמו. הפקיד חייך אליו ונתן לו מפתח בהראותו לו בידו הימנית את הכיוון, כאשר הוא ממלמל את המילה מעלית מספר פעמים. מיזוג האוויר זרק אוויר קר לתוך ריאותיו. הוא נפל על המיטה ונהנה מכל נשימה. השאיפה הביאה אותו חזרה למחשבה על רבקה, שהכניסה אותו לשינה עמוקה.

דפיקה על הדלת העירה אותו בשעות המאוחרות של לפני הצהריים ביומו הראשון בישראל. החדרנית רצתה לנקות את החדר. בפחד הוא פתח מעט את הדלת כדי להראות בסימנים ביד לנערה לחזור מאוחר יותר. עם שלוש קפיצות הוא הגיע לחלון, הזיז את הווילונות לצד ופתח אותו. מבטו הראשון נפל על הים, אשר שכן מעבר לגגות העיר ונראה כמגיע לשמים. קרוב לים עמד בית משנות השישים ששאירית צבעו נראה כמו קרעי נייר על הקירות. החלק הנמוך של בית בן שלוש קומות עם חרסינה כחולה בהירה עד לקומה הראשונה. שער הבית עמד פתוח. נערה רצה החוצה מהבית, אחריה אשה, אשר צעקה משהו אחרי הילדה. צעקת האישה נשמע לקריסטיאן כמו קולה של רבקה. הוא רצה לצעוק חזק, שהוא מיד יהיה אצלה. קיבתו קרקרה מה שהכריח את קריסטיאן, לא לחפש את הדרך ישירות לרבקה, אלא למסעדת המלון. המזנון הלא רגיל, מכיל סלטים, תפוחי אדמה, דגים כבושים וטונה, ירקות ולחם הביא אותו במבוכה, כי הוא חיפש את הלחמנייה עם ריבה המוכרת לו. הוא בלע במהירות את ארוחת הבוקר שלו, על מנת לא לבזבז דקות יקרות, שהוא תכנן לבלות עם רבקה. עם מפת העיר בידו הוא חיפש את משרד השכרת רכב. בלוק אחד משם הוא ראה כתובית של חברת השכרת רכב מוכרת. הליכתו נעשתה מהירה, כה מהירה, ככל שהחום אפשר לו ללכת. ללא סיבוכים, עם מעט מילים באנגלית, קריסטיאן קיבל את רכב, אשר יביא אותו לרבקה. קריסטיאן נסע עם מנוע

בטורים גבוהים ברחוב, האמור להובילו לרבקה. עם המפה על המושב לידו הוא בחן את רחובות תל אביב. אחרי חיפוש של שלוש שעות הוא מצא את הבית בו רבקה אמורה לחיות. קריסטיאן החנה את רכבו ברחוב צדדי. הוא הלך ברחוב עם העצים הישנים בצידי המדרכה, למעלה ולמטה פעמים רבות. העצים נתנו קצת צל. מהצד השני של הרחוב הוא סקר בית משותף בן ארבע קומות. חלונות סגורים ומרפסות, עם סורגים. מגבות מטבח נתלו לייבוש. מספר מטרים ממנו חיה רבקה. במחשבותיו של קריסטיאן נשקלה השאלה, באיזה רמת חיים היא חייה. בצעד אחד הוא נטש את המדרכה, כדי לחצות את הרחוב, ששכן בינו לבין רבקה. נבהל מידי רכב עובר, קפץ קריסטיאן על עקביו חזרה למדרכה הבטוחה. אחרי הפסקת נשימה הוא היסס, לחצות שוב את הרחוב. אומץ ליבו עזבו. יותר מדי שאלות חלפו באוויר. הוא חיפש תשובות, שלא עזרו לו הלאה. תפיסה בכיס מעילו הקפיאה אותו. הוא שכח את המתנה של רבקה. ללא מתנה הוא אינו יכול להתייצב בפניה. הוא הלך מהר לרכבו חזרה ונסע למלון. את אחרי הצהריים הוא בילה בחוף. הדרך מהחוף של המלון עד לעיר העתיקה של יפו לקחה לא יותר מאשר שעה. קריסטיאן החליט, שהוא יצלצל בבוקר הבא כדי להודיע על בואו.

קולה של רבקה

היום הראשון, יום שלישי, 17 ביוני:

עוד לפני ארוחת הבוקר חייג קריסטיאן את מספר הטלפון של רבקה. אחרי ניסיונות לא מוצלחים רבים התבצע החיבור. קול ענה "הלו" חלש בשפופרת. קריסטיאן רעד. בביישנות הוא שאל "רבקה, רבקה פרידמן?" הוא שמע איך השפופרת בצד השני של הקו נופלת על משטח קשה. קול ילדותי הוציא את הקריאה "אמא, אמא". הוא שמע קול של צעדים מהירים. רישרוש סימן לקריסטיאן שמישהו לקח את השפופרת בידו. "כן" אישר לקריסטיאן שמישהו בקצה השני של הקו לקח את השפופרת בידו. קריסטיאן גמגם "רבקה, כאן קריסטיאן, קריסטיאן שפיגלר." קולה של האישה נשאר לכמה שניות שקט. שאלה אחת "מי?" חדרה דרך צדף אזנו. "קריסטיאן שפיגלר, חבר לכיתה מפעם" הוא אמר, כאילו זה היה ברור שהיא מכירה אותו. "יש לי את מספר הטלפון מחברתך בניו-יורק." קריסטיאן תיאר לה את הנער מאז, עד הפרטים הקטנים ביותר. רבקה הקשיבה. לאחר מספר דקות של חשיפה הציע לה קריסטיאן להיפגש, כי הוא היה בטוח שזיכרונה של רבקה יתרענן, באם תשב פעם מולו. הוא עורר בה אימון וסקרנות. בתקווה לפגוש מחדש את זיכרונות הנערות מהעבר, רבקה הזמינה אותו אליה הביתה לקפה.

אחרי הצהריים עמד קריסטיאן לפני דלת הבית. שמונה תאי דואר עם שמות נתנו לו להבין שהבית כולו מלא דיירים. הוא ראה את הפעמון עם השמות עליהם היו סימנים, שהוא לא הבין. קריסטיאן התייאש, היכן עליו לצלצל? האם בכולם ביחד או אחד אחרי השני, בתקווה למצוא את הפעמון הנכון? ייאושו הפעיל את מוחו בקדחתנות, על מנת למצוא פתרון לבעיה. אז נפתחה הדלת, כמו שמע מישהו את צעקתו השקטה ונער קטן קפץ מהכניסה, בפשטות, ורגילות הוא עבר ליד קריסטיאן. בקפיצה אחת הוא עמד לפני דלת לא מוכרת, שאמורה הייתה להובילו לרבקה. ללא פתרון עמד קריסטיאן במסדרון הצר שמלבד דלת הבית הראתה גם מדרגות בטון. הריחות לא העירו בו כל זכרון אודות אוכל מוכר. צעקות ילדים וקולות העניקו לבית הישן חיות לא מוכרת. קריסטיאן עלה במדרגות. הוא משך את עצמו בהחזיקו במעקה מעט מעלה, כאילו הייתה חסרה לו האוריינטציה. הוא הביט למעלה לאורך המעקה, מחפש, לא מוצא. בקומה הראשונה הוא נשאר לעמוד ללא תקווה. הוא צעק: "רבקה!"

דלת הדירה ממולו נפתחה לה. שמעו אותו. אשה אחת עמדה לפניו. "את רבקה פרידמן?" "לא," ענתה האישה "אני רבקה גולדשטיין" והוסיפה מחייכת "אני נולדתי כפרידמן." עם המילים האלו היא פתחה את דלת הדירה לרווחה, על מנת לאפשר לו להיכנס פנימה. קריסטיאן צעד על שטיח הכניסה ונשאר שם עומד, כדי להפגין את נימוסיו. הוא שפשף מעט עם רגליו, בליווי אמירת

שמו, כדי שישמע בטון מיוחד. מבטו סקר את החדר. מרוהט ברהיטים מעטים מה שאדם צריך למחייתו. מעט תמונות במסגרות פלסטיק הצביעו על חיי משפחה. ספה בכיסוי דהוי עם דוגמה של פרחים בגוון אדום כהה מנצנץ, נתן לחדר הבהיר את כותרת הצבע היחידה. באמצע החדר היה שטיח כחול, ששרד משנות השישים. על שולחן מעץ כהה עמדו שתי צלחות וספלים השייכים להן. שם הוא אמור היה לשבת. היא מזגה קפה ובקשה ממנו לספר לה על עצמו, כי היא לא זכרה אותו בכלל. קריסטיאן העיר, תוך כדי שהוא לוקח חתיכת עוגת גבינה לצלחתו, "עוגה כזאת חייבת לבוא מגרמניה." מילים אלו הוא הביאו את רבקה להיזכר בגרמניה, בסבתה ובעיר הקטנה, בה היא חייה מספר חודשים וביקרה בבית הספר. עם מבט חולמני לקחה רבקה אליה את השיחה. היא הסבירה, עם טון עצוב בקולה, שהיא אמנם נמצאת בגיל מתקדם, אבל היא עדיין צעירה מספיק שהגעגועים לנערות מתעוררים אצלה. היא הגיעה לאמצע החיים, היא חשה עדיין את האשלייה של תקופת הנערות. למרות כל משאלות הלב היא אינה יכולה לשכוח את הרע שקרה כאשר היא הובאה לגרמניה. היא סיפרה לקריסטיאן, שבגיל שבע עשרה היא נשלחה לסבתה בגרמניה עם התירוץ שהיא צריכה לעזור לסבתה. מספר ימים לאחר שהגיעה לעיר הגרמנית הקטנה, היא קבלה טלפון, שהוריה מתגרשים. היא לא הייתה אמורה להתנסות בכל הסיפור הזה. בכל מקרה הייתה

לה עד אותו יום ילדות יפה. הסבתא הייתה אשה חזקה, שלא הייתה זקוקה לעזרה.

"היא דיברה כל היום על ילדותה, נערותה ומשפחתה שנפטרה. רק לא איך משפחתה נספתה. העבר של הסבתא היה אוסף של אשליותיה המוגזמות."

רבקה תיארה בהביאה דוגמאות, איך סבתה חיה במציאות של אז, אבל יצרה לעצמה גן עדן של זיכרונות.

אחרי מספר חודשים היו ההורים גרושים. כאשר רבקה חזרה הביתה לא מצאה דבר שהיה כמו בזיכרונה. עם הגירושין בא גם הירידה הסוציאלית. היא חלקה עם אמה חדר אחד. מעבר לזה היו בדירה שירותים עם אמבטיה, אסלה ומקלחת וארון בגדים אחד. יותר מקום לא היה בדירה הפצפונת. בחדר היחיד נחבא לו מטבחון, שאפילו הווילון לא יכול היה להסתיר. בגדיה הריחו את ריח המטבח, וכל אחד הריח, שהיא חייה וישנה בתוך מטבח.

האב שילם מזונות רק לעתים רחוקות. כאשר היא רצתה להתחיל לימודים באוניברסיטה, היא התגברה על הגאווה שלה. אספה את כל אומץ ליבה והלכה לאביה, שייתן לה לפחות קצת עזרה לכך. אביה אמר לה: "אם את זקוקה לכסף, בקשי מאחרים אבל לא ממני"! קריסטיאן הקשיב לה במתח. ללא תזוזה, ללא מחשבה, ללא שאלה. כלום לא הפריע לתשומת ליבו. עיניו לא עזבו את פניה אף לא פעם אחת. רבקה

תיארה את חייה עד היום, בו קריסטיאן ישב ליד שלחנה. עבודות זמניות, עוני וחוסר תקווה הביאו את רבקה להתחתן לפני כעשר שנים, שהההיגיון היחיד שלו היתה אהבתה לבנה, שהולדתו לפני עשר שנים נתנה לה בית. קריסטיאן הכיר בייאושה של רבקה בעיניה. גופה נראה חלוש, עיניה חסרות חיים. הדגש בקולה הרך והשקט אמר לו, שנפשה של האישה הזאת התנסתה פעמיים, כפול מאשר מישהו מאושר. גופה הראה, מה שהחיים עשו לה. היא נראתה כאילו הזדקנה בטרם זמנה. תנועותיה נראו כתנועות ישישה, ובמשך השיחה נהיו יותר ויותר ליאות. צלצול הטלפון הנייד שלה הפסיק את השיחה. חיוך בפניה אישר את השערתו של קריסטיאן, שאמור להיות מדובר בחדשות טובות. עם עיניים מאירות הסבירה רבקה לקריסטיאן, שבנה היה בטלפון. עם נשימות קצרות, שהביאו את רגשותיה להישמע , דיווחה רבקה: "הוא עבר כרגע בהצלחה את מבחני הכניסה לישיבה.

זהו בית ספר דתי". "מאוחר יותר", כך הסבירה האם הגאה הלאה "הוא רוצה ללמוד בבית הספר הגבוה לתלמוד בארצות הברית". אמריקה היא ארץ חלומותיו.

עמוס, כך היה שמו של בנה, רוצה להיות רב. רבקה ניצלה את ההפסקה בשיחה לפרידה ממנו. קריסטיאן הבין זאת והציע שמחר היא תספר לו עוד אודות בנה המוכשר. שכן הוא

מאוד מתעניין במסורת יהודית. רבקה זרחה בכל פניה והראתה לו, שזה נגע לליבה.

קריסטיאן חזר למלונו עם המתנה, שאמורה הייתה לחזק את אמונה של רבקה בו.

מחשבות חסרות חיים ניסו להסתיר את אכזבתו המתגברת. הוא העמיד את נסיעתו בסימן שאלה גדול. הוא הפעיל את הטלוויזיה בחדרו וחיפש ערוץ גרמני. התעלם מהערוץ הבנלי. זעם עלה בתוכו, כאשר הוא חשב על כאבי הגב, שנגרמו בגלל המושב הלא נוח בזמן הטיסה, והזכירו לו גם אחרי שעות רבות מהטיסה את הישיבה המזיקה. בגלל השורה הצרה לא היה אפשרי לשנות את מצב מושבו. המחשבה על הטיסה דחקה מעט את ההתרשמויות מהפגישה הראשונה עם רבקה. שקט וללא רגשות הוא חשב על הארוחה חסרת הטעם. הפרפרים בבטנו נפלו קרבן למטבח אליו לא היה רגיל.

היום השני, יום רביעי, 18 ביוני:

התקווה, שיתאפשר לרגשותיו לפרוש כנפיים, הביאה את קריסטיאן לקפוץ מהמיטה בשמחה. הוא חיפש בין בגדיו, כמו רצה ללכת לפגישה ראשונה. הוא התלבש מספר פעמים. את הבגדים השאיר מונחים על הרצפה. כמו נער בית הספר שעומד לפני סמינר הוא נכנס למסעדת ארוחת הבוקר של המלון ושתה קפה בחיפזון. האוכל גרם לו להרגשת הקאה. עם קיבה נוהמת הוא הסתובב ברחובות תל אביב, כדי לשרוף את הזמן. הוא החליט לוותר על הרכב. כך הוא יכול היה להעביר מספר שעות בצעדה לביתה של רבקה, עד שזמן הפגישה יגיע. קריסטיאן הגיע מעט מוקדם. רבקה פתחה את הדלת בחיוך. ביום הזה היא לבשה שמלה, עם דוגמת פרחים עליה שנראתה מיוחדת מאוד. השמלה העשויה משי נראתה יקרה. הנשים, שהוא פגש בדרכו לבשו בדרך כלל ג׳ינס, חלק עליון פשוט ובגדים קלים מכותנה. בראשו עלה הרעיון, שהיא התלבשה יפה בגללו. השולחן הערוך קידם אותו בברכה.

קריסטיאן הניד בראשו. רבקה חיפשה כל הערב זיכרונות. הזיכרונות היחידים שהתעוררו אצלה, היו כמה דברים קטנים אשר הביאו אותה לגחך. רבקה התחילה לספר. עם חיוך היא הודתה שהיא חונכה על ידי אמה דוברת הגרמנית. לכן השפה לא גרמה לה בהתחלה שום דאגה. אבל היא לא למדה מאמה את השפה המדוברת יום יום, אשר משתנית מדור אחד לשני. מהר שמו

חברותיה לכך לב, שהיא דברה בשפה גבוהה. "בגילי זה היה מבייש!"

היא תיארה את זיכרונותיה מחג הניקולאוס בחמישי בדצמבר הראשון שלה בבית הספר. "כאשר אני ראיתי את הניקולאוס הקטן משוקולד בגובה האצבעות על שלחני בכיתה, שמחתי לעצמי כאילו הייתי ילד קטן אשר בפעם הראשונה בחייו יכול היה להדליק נר חנוכה בעזרת אמו." הנייר הזוהר, את הצבעים בהם היה השוקולד עטוף לא אשכח לעולם. בכל זאת לא אכלתי אותו. היה לה חבל עליו. היא שמרה עליו ובדרך חזרה לישראל הוא נשבר לה. עם חיוך היא הודתה בפני קריסטיאן, שהיא הייתה שומרת עליו עד היום בתור מזכרת.

היא נהייתה עצובה, כשהיא שינתה את הנושא ללא הפסקה ועברה מחג אחד לשני. מיד אחרי סוכות עזבה רבקה את גרמניה ובכך גם את סבתה. היא לא ראתה אותה יותר. היא נפטרה מספר חודשים לאחר מכן. האירוע השמח האחרון אתה היה הוא חג הסוכות. קריסטיאן הפסיק אותה, על מנת להראות, שיש לו מושג בעניין. "האם סוכות הוא לא החג הנחגג בתוך צריף במקום בבית הכנסת? החג מזכיר לנו שהאדם לא אמור לסמוך על שום דבר מטריאלי".

"אז," דיווחה רבקה "אני התרגזתי, שבסביבתנו לא היה בית כנסת ולכן לא הייתה סוכה, הצריף שלמעשה מסמל את החג." כדי להרגיע את נכדתה הלכה הסבתא עם רבקה לגינה הסמוכה.

ליד ברכת דגים לא טבעית עמד לו לבדו עץ. כמו פטריה עצומה עם עלים ירוקים, שהגיעו עד המים, כך העץ השאיר את רישומו בצידו של האגם. הענפים כמו זרועות תמנון שלא ניתנו לספירה לא אפשרו מבט אל תוך השטח, שנחבא מתחתיו. עם שתי ידיה פינתה הסבתא את הענפים הארוכים, כדי לאפשר יצירת דרך לתוכו. מתחת לצמרת השיח עמד ספסל מעץ חום. הן התיישבו להן ונהנו מכל קרן שמש, אשר חדרה דרך הענפים. הניצוצות הזהובים הבריקו דרך הגג, כאילו שהשמים ניסו להחדיר גשם זהוב לשמירת האחו. כדי להביא את הערב היורד מתחת לסוכת הטבע לשלמות, היה לסבתא סל פיקניק מלא. הערב היה עבור רבקה בלתי נשכח. "אני הבנתי, שהבורא ייתן לי תמיד בית. עד מאוחר בלילה התפלספה סבתי תחת העץ המלא, מה שהעניק לשתינו הרגשה של בטחון." רבקה הזכירה, שהיא אף פעם לא ישבה פעם נוספת בסוכה מיוחדת כזאת.

קריסטיאן הקשיב לה במתח. כל זכרון מפיה העיר בו את הנער המתבגר מאז, שראה את רבקה המחייכת בחצר בית הספר. נער אחד, אשר קיבל את רגשות אהבתו הראשונה.

ביום הזה נפרדה רבקה עם המילים: "שמחתי מאוד על ביקורך. רענון זכרונותי עשה לי טוב."

"זה היה שינוי בחיי הרגילים, אשר מכילים רק ילד, בעל ועבודת בית". קריסטיאן קפא בתוכו עם הזכרת הבעל.

הלילה היה עבור קריסטיאן בלתי נסבל. מחשבותיו על בעלה של רבקה לא נתנו לו לישון. הוא נקרע מהשאלה, מה הוא בהשוואה לקריסטיאן יכול להציע לה. האם היא תעזוב אותו?

הקביעה שהיא לא אוהבת אותו, שכן היא נישאה לו בגלל בעיות כספיות, הביא לו לבסוף את השלווה, אותה היה צריך על מנת להירדם .

היום השלישי, יום חמישי, 19 ביוני:

קריסטיאן ביקר את רבקה באותו יום אחרי הצהריים ללא הזמנה. זה נהיה לו כמובן מאליו, לבקרה. הרי היא הרגישה מעל לכל ספק, שרק בגללה הוא בא לישראל.

רבקה פתחה את הדלת. עם קריאת "הלו" הוא קידם את פניה, הלך ישר לתוך הסלון הקטן והתיישב ליד השולחן. רבקה התנצלה על כך שקפה לא היה מוכן על השולחן. היא הייתה מבולבלת, אבל עם זאת גם שמחה לביקורו הלא צפוי. קריסטיאן התחיל בביטחון את השיחה. הוא רצה לדעת יותר אודות יחסיה עם בעלה. כדי להביא את רבקה לנושא שלו הוא נעמד והביט בתמונות במסגרת הפלסטיק על הקיר. כדי לא לבזבז זמן הוא הציב לה את השאלה, האם גם בעלה מופיע בתמונות. רבקה קראה מתוך המטבח, שהוא לרוב היה המצלם. זה היה מובן שהוא לא היה בשום תמונה. "אבל," הסבירה רבקה הלאה את חסרונו, "יש לי אלבום תמונות מהחתונה." מתוך מגירה היא הוציאה אלבום תמונות אדום. קריסטיאן הצליח בקושי להסתיר את אכזבתו. כדי להסתיר את מבוכתו, הוא חיפש מהר את השירותים.

אחרי מספר תרגילי נשימה בחדר הרחצה הוא הרגיש חזק מספיק, לשאת את מראה התמונות עם בעלה. עם מבטים סקרניים הוא בחן את הספר. תמונות מעט מצהיבות הזכירו, את המאורע שקריסטיאן תמיד חלם עליו. רבקה

הייתה כלה יפייה. היא לבשה שמלת נסיכות לבנה כשלג, עם שושנים עשויות מרשת, שערה השחור נתן להינומה להראות כמו אור קדושים. בחור בנוי לתלפיות עם שיניים לבנות זוהרות עמד לצידה. ללא בושה הם הראו את אושרם. תמונה נוספת סיפרה על תקופת הצבא, אשר שניהם שרתו בה ביחד. דוד היה גבר עליו רבה כל אשה. לא רק בגלל חיצוניותו. יותר מזה, הוא הקרין שקט ובטחון. דוד היה גבר שאתו נשים רצו לבלות את חייהן. קריסטיאן הוציא את המחשבה הזאת בקול. הוא ידע, שהיא רצתה לקבל תגובה אודות אוסף התמונות מעברה. הוא היה רגיל להתרשם מאוסף הזיכרונות של האחרים ולנתחם. קריסטיאן הציב שאלה. רבקה ענתה, נזכרה וסיפרה.

רעש טריקת דלת הפסיק את רבקה בבת אחת. עמוס נכנס בבכי לחדר. קריסטיאן נשכח ברגע של ההתרגשות וניחום הילד. אחרי שהאם יבשה את דמעות בנה, היא פנתה לקריסטיאן והציגה את בנה לפניו. עמוס הלך לחדרו. עם עיניים חולמניות היא הביטה בקריסטיאן וסיפרה. "כאשר הייתי עדיין ילדה, הרשו לי לבקר לעתים קרובות את הסנדק של דוד. הוא היה חי בבית קטן בקצה ירושלים. ביתו הקטן היה בן שני חדרים מחוברים. לכיריים וכיור קראו מטבח. חדר הרחצה היה קטן כל כך, שאחד יכול היה לרחוץ יחד את ידיו ורגליו בגיגית תוך כדי ישיבה על האסלה. כי מקלחת היתה חסרה חסרה." אנחה עמוקה אפשרה לרבקה לספר הלאה."עמוס הזקן גר בבית הזה בקצהו של גיא אחד, לרגליו

של נוף הררי. כאן חי עמוס מעל 94 שנים. בימי השבוע הוא הובא למסגרת לקשישים ובערב חזר הביתה. בשבת הוא נשאר כל היום ישוב במרפסתו והביט אל הטבע שבעמק. אני אהבתי את הזמן אתו, ישבתי לצידו ונהניתי מהשקט. מה ששקט כזה עושה. הוא בא מעמוס. אדם אחד, שמצא את שלוותו, בעולם הזה, בירושלים. אני נתתי לבני את שמו אחריו. עם השם הזה רציתי שבני ימצא תמיד את שלוות נפשו." רבקה נאנחה לעצמה והחליפה את הנושא, ללא לחכות לתגובה מקריסטיאן. "מחר" אמרה רבקה, "אני רוצה ללכת לקניות בשוק. אתה בטח לא ראית הרבה מתל אביב. אתה רוצה להתלוות אלי?"

שמח על ההזמנה הוא העביר את הערב בבר של המלון.

היום הרביעי, יום שישי, 20 ביוני:

עוד לפני שקריסטיאן נגע בפעמון, נפתחה דלת הכניסה ורבקה עמדה לפניו. "קדימה לשוק," היא חייכה אליו והראתה לו את הדרך, שבה עליו ללוותה. צעדה של רבקה היה מהיר. קריסטיאן החזיק באותו קצב אתה. הם הלכו אחד לצד השני דרך רחוב צר, שהביא אותם לרחוב רחב, שנפגש בשדרה, שאותה לא עזבו. רעש המכוניות שטסו לידם לא אפשר אף שיחה. בתוכם שניהם היו מרוצים, שלא הוכרחו לצעוק. כך לא היו צריכים להיות במבוכה לנחש, מה שהאחר היה יכול להגיד. כאשר הוכרחו, הם צרחו אחד לשני.

ממרחק נראתה נקודה ברורה, אשר משכה המון אנשים. המרחק אל האנשים הזרים התקצר. כתף לכתף נדחפו גופות בחיפזון עוברים אחד את השני. כולם באותו כיוון. בדרך אליהם הלכו גם קריסטיאן ורבקה. קריאת השוק נשמעה. ריחות, אנשים וצעקות התערבבו להם למערבולת, מה שמאפיין שוק אוריינטלי. רבקה הלכה לכיוון הדוכנים, שהיא הכירה. היא קנתה מה שהייתה צריכה והתכוננה לעזוב את השוק במהירות. בחיפזון היא התחילה את דרכה חזרה. בקשתו של קריסטיאן ממנה לשתות אתו קפה, נדחתה על ידה, ללא אפילו מחשבה על ההזמנה. "הערב שבת"! רבקה הסבירה לו, שביום שישי כולם יוצאים לקניות, כי החנויות נסגרות בצהריים. צריכים להכין את השבת. היא הסבירה, שבתל אביב זה לא כל כך אורתודוקסי, כמו בירושלים. בירושלים נסגרות כל החנויות והמסעדות כבר

בשעה שתיים בצהריים. "כאן בתל אביב אפשר למצוא לפחות מסעדות פתוחות."

"קריסטיאן, האם תהיה היום בערב אורחנו? דוד שאל כבר עליך. הוא ישמח להכיר אותך." הוא גילה, שדוד עובד בתור קצין בטחון באחד מבתי המלון הרבים באילת. אחרי תקופה ארוכה בה היה מחוסר עבודה, הוא שמח למצוא עבודה. גם כאשר הוא כל השבוע פרוד מהמשפחה, הוא בכל זאת מוצא הנאה בכך.

על סף הדלת הכריחה רבקה לקבל הסכמה מחייבת מקריסטיאן ואסרה עליו להביא אתו משהו לארוחת הערב.

קריסטיאן לבש את חליפתו השחורה עם חולצה לבנה ועניבה. הוא רצה להראות את עצמו מהצד הטוב ביותר. בספרים, שהוא למד על היהדות בצעירותו, היתה השבת מוצגת בתור יום חג. הוא קרא בזמנו אודות חוקים, הרגלים ומסורת. אבל את רובם הוא כבר שכח. קריסטיאן חיפש בהתרגשות אחר מחשבותיו. בתקווה למצוא עוד אינפורמציה אודות השבת. כי הוא לא רצה להופיע בתור אורח גרמני ללא ידע המסתכל על כל הקורה. הוא רצה להיות אורח מכובד. איש העולם, הנמצא בכל מקום בביתו. לחץ זיכרונותיו שצצו במוחו, העלו יותר חוקי שבת על פני השטח, הזכירה לו את הידע, שבשבת אסור להדליק חשמל. מרוגש הוא התהלך דרך הרחובות אל ביתה של רבקה. דוד פתח את הדלת. עם חיוך מאולץ ניסה קריסטיאן לתת

לדוד את ההרגשה, שהוא שמח על פגישתם. בעלה של רבקה שחרר אצל קריסטיאן רגשות של שנאה. קריסטיאן חיפש את אפשרות להביך את הגבר הזה. להרוס אותו. זעם מילא את קיבתו. הוא דחף את האוכל הטעים כמו אבן לתוך פיו, לתוך בור מלא זעם ושנאה.

דוד מצידו ניסה ליצור שיחה עם קריסטיאן. הידע שלו בשפה האנגלית הצטמצם למשפטים מעטים, שכל אחד ידע כמשתמש במחשב, כדי לפלס את דרכו בעולם האינטרנט. רבקה מילאה את רגעי השקט, בכך ששרה לבנה שיר ילדים גרמני. עמוס שר אתה "שלושה סינים עם הקונטרבס" בעברית. קריסטיאן היה מופתע, ששיר הילדים קיים בעוד שפה. הוא אמנם התחיל להנות מהערב נחמד, מלא שירה וצחוק ילדותי, אבל לא היה יכול להסתיר את קנאתו. הוא לא היה יכול להדחיק את רגשותיו. הוא עזב מוקדם יותר מאשר תוכנן. קריסטיאן חיפש את הבדידות, כדי לפתח איסטרטגיה, אשר תביא לו את המקום הראשון אצל רבקה. המקום היחיד לצד רבקה. ליד הדלת נפרדה רבקה ממנו עם האינפורמציה שלמחרת יבואו הוריו של דוד לביקור. היא תכננה טיול משפחתי. בנוסף דוד ייסע אחרי הצהריים המאוחרות לאילת. ביום ראשון הוא מוזמן לבוא לארוחת בוקר משותפת. באותו יום היא צריכה לקום מוקדם, כי עמוס נוסע עם בית הספר למצדה. הילדים נוסעים כבר בשעה ארבע בבוקר. קריסטיאן הודה לה. שמחתו על ארוחת הבוקר המשותפת גברה לרגע על קנאתו הקצרה.

היום החמישי, שבת, 21 ביוני:

הגעגועים נתנו לקנאתו אדמה פוריה, ואפשרו לרעיונותיו לנבוט. הוא רץ לאורך החוף. חסר אחיזה החול שקע מתחת לרגליו. מחשבותיו, שלא נראות כמוצאות אחיזה, זרמו כמו חול בין אצבעות רגליו. המראה של ארמון חול הביאו לעצירה פנימית. הוא התיישב בחול החם. השמש בערה ללא רחמים. ילדים בנו מצודה מגרגירי החול הרפויים, הלא ניתנים למישוש. מראה המבנה הפנטסטי הביא אותו להתפלסף. אם ילדים מסוגלים ליצור צורה כזאת מגרגירי חול כאלה, הוא צריך להיות מסוגל, להציע לרבקה בסיס כזה שיאפשר לו לחיות ביחד אתה. אפשרות אחת תהיה, להביאה לכך, שתתגרש מדוד. אם היא תאהב אותו יותר מאשר את דוד, זה כבר יספיק. אבל לקריסטיאן היה ברור, שאין ברשותו מספיק זמן, לשכנע אותה באהבתה אליו. בנוסף הוא יאלץ לבלות הרבה מזמנו היקר בחום בישראל, כדי לאפשר לאהבתה אליו לגדול. היא הייתה רגילה לדוד. לא אליו. חשכת הליל הביאה לכך שקריסטיאן הדליק את האור בחדר המלון שלו. כמו ברק באה לו המחשבה, שהשתלה במוחו רעיון, איך לקשור את רבקה אליו. מרוצה מרעיונו הוא היה חסר סבלנות לחכות עד ליום הבא.

היום השישי, יום ראשון, 22 ביוני:

הבוקר התחיל מוקדם עבור קריסטיאן. יום ראשון הגרמני היה בישראל יום העבודה הראשון בשבוע, כמו יום שני בגרמניה. כך החל עבורו השבוע ישנוני אבל גם עצבני. לאחר השבת השקטה האנשים קידמו את השבוע הרגיל לאיטם.

השמש נגעה בדיוק באופק. הלילה שכן עוד מעל תל אביב כאשר הוא הגיע לפעתי ירושלים. הוא לקח בידו את הטלפון הנייד וטלפן לרבקה .

"בוקר טוב רבקה, אני יודע, שאת צריכה היום לקום מוקדם. את תהיי מאוחר יותר עייפה, מכדי להיפגש אותי. יתכן ולא אספיק לחזור לפני הערב. אני נמצא בירושלים. אני החלטתי בלילה לבלות את הזריחה בכותל המערבי, הכותל, איך שהוא נקרא כאן. אני אומר גם תפילה עבורך."

"תודה, קריסטיאן. אני צריכה להכין עכשיו את עמוס, כדי שיגיע בזמן לאוטובוס."

ללא מחשבה נוספת הוא מצא את עצמו בקרבת הכותל. המקום, הנותן לאנשים נחמה ותקווה. היכן שאנשים מפקידים את גורלם בבכי ותחינה בידו של הכל יכול, עם הידיעה, שהוא מוצא סוף או ממלא את כמיהתם. המקום, הנותן דרך בריחה לכל מבקש, היה האליבי של קריסטיאן.

קריסטיאן עשה דרכו מהעיר החוצה, בכיוון יריחו. הדרך שתתאפשר לו, לקשור את רבקה אליו.

במטרה זו לפני עיניו הוא חצה את המדבר ההררי. לפניו הופיעו כבישים עם עיקולים חדים, שהתאימו עצמם לטבע הפראי. הוא עבר את ההרים, שמרגלותיהם הוקפו ברשתות מתכת, שנועדו לעצור את הסלעים הנופלים. למרות הזהירות היו הרשתות חסרות כוח להחזיק אלא במעט מהאבנים הנופלות. המדבר, החול וההרים שלטו בנוף. עם צאת השמש הכה גם החום, שהעניק לטבע את כל הכוח שהיה צריך, כדי להשאיר את הציביליזציה רחוק משם.

קריסטיאן נסע לשם, דרך כבישים צרים, שיד אדם בנתה עבור אנשים. הוא הגיע למקום חנייה עם מכוניות רבות וכמה אוטובוסים לתיירים שצבעו כתמים צבעוניים בתוך הצבע המונוטוני של החול. לרגלי ההר נראו אוטובוסי התיירים כמו צעצועים מסודרים במקומם, מראה לא ממשי היה בתסריט ליד הר המצדה. קריסטיאן נסע פעמים רבות דרך החניון, שהיה מיועד לרכבים פרטיים.

זה היה בלתי אפשרי, למקם את רכבו, כך שהוא יהיה בלתי נראה. הדרך היחידה שלא לעורר תשומת לב הייתה החנייה בתוך ההמון. הרכב השכור הלבן יכול היה להיעלם לצד רכבים חונים אחרים. המבקרים הרבים היו אמורים להסתיר את תכניותיו. הוא לא לקח בחשבון בתכניתו את רמת החום בשעה מוקדמת זו של לפני הצהריים. בעירומו של המדבר השקיפה השמש עם כוח הגיהינום שלה.

כדי לא להתבלט הוא כיבה את המנוע ועם זה גם את מיזוג האוויר. כמו שספוג סופג מים, ספג הרכב את קרני השמש. הזיעה זרמה לו מעל למצח, לתוך עיניו. עיניו שיקדו טשטשו לו את הראייה. חולצתו הספוגה נדבקה לגופו. למרות הסכנה להיראות הוא יצא מהרכב, שהפך לסאונה. רצפת החניון שקפה את קרני השמש הלוהטת. הרוח, שבדרך כלל הניסה את קרני השמש, הביאה אתה נשיפה חמה. החום הלוהט העלה בקריסטיאן זעם. מרחוק הוא ראה חניון מקורה, שהיה מוגן מקרני השמש על ידי סלע.

ללא שיהוי הוא נסע עם הרכב השכור לתוך החניון הלא ממוזג. הוא מצא מקום ממנו הוא היה יכול לצפות באוטובוסי התיירים. מבקרים באו, אוטובוסים התמלאו להם ונסעו משם. האנשים באו והלכו. השקט בסביבה הביא אותו להיזכר ביער שלו, שהוא קרא לו ביתו. עם השנים שחלפו נעלמו התמונות של הכפר והבית בו הוא גדל. במקום זאת התעדנו הזיכרונות על היער שלו, ירוקתו וריחו, שנתן לו להאמין בילדות, שלא יוכל לשכוח.

מבטו בחלל הריק נעצר למראה ילדים משחקים, שצריכים להיות בגילו של עמוס. גבוהים יותר ממשענת כיסא. קטנים יותר מאשה זקנה שבורה. מחפש הוא תעה במבטו מסביב. בבגדים צבעוניים, עם תרמילים על גבם הם רצו למעלה וצעקו מסביבם. עבור קריסטיאן כולם נראו דומים. כתפיים צרות, פני ילדים כמעט חסרי

פרופיל עם אף פחוס, יכלו כולם להיות אחים. גופים ילדותיים עדינים אשר רגליהם קצרות. זרועותיהם ללא שרירים לא הציגו סכנה. צעירים ללא הורמון הטוסטרון, שעוד בכו כאשר נפלו. ילדים, שהוריהם נראו שבאו לא מארץ אחת, בה חיו אנשים עם עור בהיר ושיער בלונדיני.

עמוס התקרב אל אוטובוס התיירים לקראת שלושה נערים. קריסטיאן הלך אליו בצעד מהיר. מספר מטרים ממנו, הוא קרא בשמו של הנער. ראשו של קריסטיאן היה מכוסה בכובע מצחיה של כדור בסיס. הצל של השמש היוקדת הרחבה הסתיר את פניו. רק אחרי שקריסטיאן קרא בשם "רבקה" אל הנער, הכיר עמוס את קולו. עמוס הגיב ברצון ובהקשבה, כמו ילד מחונך המקשיב למבוגר. באמונה מלאה וילדותית, הוא ברך את קריסטיאן בשלום. קריסטיאן ליטף את ראשו של עמוס בידו. ידי הגבר החזקים סובבו את ראשו של הנער, כאילו קריסטיאן תפס את ראשו של אריה. ברכות אבל יחד עם זה גם בהתמדה הוא כיוון את מבטו של עמוס לכיוון בו חנתה מכוניתו. בגופו הוא דחף את הנער העדין לתוך החניון המקורה. בתקווה, שהנער מכיר את המילה אוטו, הוא חזר עליה פעמים רבות בשקט, עד שהרכב היה בטווח ראיה. קריסטיאן הראה לו באצבעו על הרכב השכור, שנראה כמו כל רכב אחר. הוא פתח את הדלת הקדמית. קריאת השתאות אישרה את השערתו של קריסטיאן, שכל נער היה מאושר שמותר לו לשבת בכיסא הקדמי. קריסטיאן חבש לראשו של עמוס כובע כדור בסיס שני, שנראה בדיוק כמו הראשון. עמוס זרח

אליו. היה אפשר לקרוא את הערצתו בעיניו. בהגיעם לעמדת התשלום זרק קריסטיאן מטבע לרגלי עמוס. עמוס התכופף לרגע, לחפש את המטבע, כאשר קריסטיאן שילם עבור החנייה במחסום. הקופאי לא היה אמור לראות את עמוס. הוא לא הבחין בהעדרו של הנער. עמוס לא נראה לאחר מכן. כיתת בית הספר לא עלתה בשלמותה לאוטובוס בנקודת הזמן הזאת. המורה המלווה היה אמור רק אחרי הפסקת ארוחת הצהריים לאסוף את התלמידים ולנסוע משם.

קריסטיאן עזב והתרחק מהחניון. משמאל לכביש נראו ההרים הקרחים, שיכלו לתת לו מסתור. מימין היה ים המלח, שבחלקו לא היה עביר בגלל הגדרות. חופים לבנים ממלח הציעו אפשרויות להיעלם. לאחר נסיעה של כשעה וחצי על האספלט הרותח, בקצה הצפוני של ים המלח, הוא ראה קני סוף, שלפניהם הייתה אפשרות חנייה. קריסטיאן עצר תחת עץ תמר עזוב. עמוס הסתכל אליו במבט שואל, כמו רצה לומר, שבחום כזה זה בלתי אפשרי ללכת לטייל. קריסטיאן משך את הנער המבועת בידו. הוא הוביל אותו בחום הכבד דרך קני הסוף. הדממה אישרה לקריסטיאן, שבבדידות הזאת לא יהיה שום עד. קריסטיאן נשאר לעמוד. מבטו קפא. עם שתי ידיו הוא החזיק את הנער בחזקה. באופן אוטומטי עמוס ניסה להתנגד. ללא שידע, מה הולך לקרות לו, הוא החל לבכות. הצעקה הראשונה לעזרה שניסתה להיפלט מפיו של עמוס, נחנקה בידיו החזקות של קריסטיאן.

בדממה העזובה נשארה צעקת הכאב של עמוס ללא קול. חום המדבר החניק את יבבותיו.

בערב התקשר קריסטיאן לרבקה. הוא רצה לספר לה על טיולו לירושלים. רבקה הגיבה בהתרגשות. היא לא יכולה לדבר אתו, כי היא מחכה לטלפון מהמשטרה. עמוס לא חזר מטיול בית הספר.

היום השביעי, יום שני, 23 ביוני:

מונית הביאה את קריסטיאן בפעם האחרונה לדירתה של רבקה. עם מנוע מופעל חיכה הרכב לפני ביתה. מהר נכנס קריסטיאן לבית. עוד בחדר המדרגות הוא קרא דרך המסדרון והדלת הפתוחה, שהוא צריך להיפרד מהר, כי המונית מחכה לו בחוץ להביאו לשדה התעופה. לצד רבקה עמד דוד. בוכה לחשה רבקה לקריסטיאן, שעמוס נעלם. בשוק הציע קריסטיאן לה את ידיו, מציג במחווה זה את צערו.

"רבקה, אני בהלם לשמוע על כך. לצערי אני אינני יכול להיות כאן בשבילך. טיסתי יוצאת בעוד שעה. אני בטוח שדוד ידאג לך."

"תהיה בריא, קריסטיאן." רבקה סגרה את הדלת.

הטיסה חזרה עברה עם פחות שאלות מאשר בכניסה לארץ. קריסטיאן עלה למטוס. במטרה להעביר את הזמן. הוא ניסה לחשוב על רבקה. עם כל לעיסה גדל אצלו הביטחון שהוא יתחתן עם רבקה. אחרי הארוחה הוא לקח לידיו עט ובלוק נייר. הנייר הלבן גילה כתם אדום כהה מתחת לציפורניו. בהרגשת בחילה הוא הסיר את כתם הדם בעזרת מעטפת קרטון של הבלוק מבית הציפורן שלו. המחשבה, שהכתם יכול ללכלך את דף הנייר, עליו הוא ניסח את הבטחת הנישואין, עשתה אותו זועף. אסור היה לחתונתו הלבנה להתלכלך בכלל.

אחרי ניסוח המשפט הראשון, גדלה בו הבטחת הנישואין לתוצאה משביעת רצון.

הבטחת נישואין:

אני רוצה למות לפנייך

איני יכול לשאת את הזמן בלעדייך, אפילו לא לשנייה

לעזוב לפנייך תמיד ולחכות לך בשמחה

אני חושב לחכות לך תמיד

ללא צער עלייך שאותו לא אוכל לשאת

להיות חסר רגשות בחיים

עם התוצאות האלו הוא נרדם. הנחיתה העירה אותו. בהגיעו הביתה גדלו בו הגעגועים לרבקה.

ההצגה חייבת להימשך.

אינגבורג, פקידת הקבלה מזה שנים רבות שלו, ישבה בשעה המיועדת בקבלה. היא קדמה את הבוס שלה עם חיוך חברותי. עם הרבה אנרגיה נכנס קריסטיאן למרפאה. "בוקר טוב אינגבורג! תקראי את הפציינט הראשון אלי."

בזמן שקריסטיאן נכנס לתפקידו בארץ המערב בתור רופא מקצועי לפסיכיאטריה, הביא עיתון

הצהריים ידיעה שהכניסה את האנשים בישראל
להלם.

אחרי הצהריים של ה-23 ביוני מצא מטייל נער
פגוע קשה בים המלח. בן השלושה-עשר
נפגע בצורה ברוטלית. מצבו הנו אנוש והוא
שוכב ללא הכרה. האפשרות, שהוא אי פעם
יתעורר הנה מועטה מאוד. איבוד הדם המסיבי
הביא לתרדמת מוח בלתי אפשרית לתיקון.
הקרבן, הנו הילד היחיד של משפחה תל אביבית,
הוא תלמיד מעולה, שמטרתו הייתה להיות רב.
עד כה לא מצאה המשטרה איזה שהם עקבות
מוליכים. הציבור מתבקש להיות ערני ולדווח
למשטרה. כל ידיעה עשויה להיות עקבות. צוות
מיוחד "עמוס" עובד יום ולילה על פיצוח הפשע
המכוער.

הידיעה הכניסה את כל הציבור בישראל להלם.
אמנם הם רגילים למעשי טרור ולמלחמות אבל
מקרה התקיפה של ילד התקבל בתור
מפולת מוסרית של האנושות.

בערב של ה-24 ביוני התרווח קריסטיאן על
ספתו. הוא נתן ליום ולשבוע החולף לעבור בתור
בקורת. הוא חשב על כך, מתי להתקשר לרבקה.
ברגע זה צלצל הטלפון שלו. הוא שמע קול
נשי חלוש. רבקה התקשרה אליו. מופתע
ושמח כאחד הוא קרא לתוך השפופרת, שהוא
שמח לשמוע את קולה. בקול רפה לחשה
רבקה "קריסטיאן, אני זקוקה לעזרתך
בדחיפות. אתה היית כל כך נחמד אלי, כאשר

היית כאן. אתה העֶנקת לי כל כך הרבה תשומת לב. דוד אינו מסוגל יותר! יותר!! עמוס שלי פצוע אנוש. הוא נפגע בצורה ברוטלית. הוא כמעט מת! קריסטיאן, בבקשה תעזור לי. איזה מין אנשים שעושים דבר כזה?"

קריסטיאן נאנח עמוקות.

"רבקה, ברור שאני אעזור לך. את צריכה לדעת, שיש לא מעט אנשים כאלה."

עמוס

בשבוע הראשון ביקר אביו של עמוס את בנו מדי יום בבית החולים. המעביד שלו נתן לו חופשה מיוחדת, כדי שהוא יהיה שם בשביל בנו. שבוע שלם ישב האב המחריש ליד מיטת בנו, כאילו עמד ליד קבר. דמעותיו ירדו ללא הפסק. אחרי ימים מועטים עיניו המזוגגות הביטו בגוף הפגוע. אחרי שבעה ימים הוא זרה את מבטו דרך החדר. הוא עזב את בית החולים תמיד מוקדם יותר מרבקה. הם באו ביחד, אבל הלכו בנפרד. דירת ההורים לא הייתה מסודרת. רק ההכרח נעשה. החיים נחוו רק בחדר בית החולים, ליד מיטת הגוף הנושם.

בבית ישן דוד על הספה בסלון. כך הוא לא היה צריך לעבור ליד דלת חדרו של עמוס. הקרבה לדלת הזו הביאה לדוד ייסורים שוברי לבבות על כך שאיבד את בנו.

בסופי השבועות הבאים הוא עדיין בא הביתה. אחרי חמישה שבועות הוא התקשר לרבקה רק על מנת לומר, שהוא לא יבוא הביתה. בשבוע השישי הוא לא התקשר יותר. הוא ניתק כל קשר. הוא התפטר מעבודתו. מקום מגוריו לא היה ידוע. דוד נעלם מחייו ומחיי כל האחרים.

רבקה לא חיה את הזמן יותר. מאז שישה שבועות היא ישבה יום יום תשע שעות על מיטת בנה. כל נשימה, שנכנסה לתוך הגוף הפגוע, נתנה לה הרגשת תקווה. חייה של רבקה נעו בין נשימותיו בשרשרת הזמן, אמנם לא מת ובכל זאת גם לא

חי. כל שאיפה נתנה לה את ההרגשה שיש לה ילד חי. הפסקות בתצפית המעקב אחרי הנשימות קרו רק בעת ביקוריו של מיכה בלום. מיכה היה השוטר, שניהל את החקירות. בהתחלה בא השוטר לבקר את הגוף חסר החיים. בתקווה שעמוס ייתן מעצמו איזה שהוא סימן, מאיזה שהוא סוג, ממנו יוכל השוטר לקבל כיוון לחקירה. בהזזת אחת מהאצבעות כאשר ישמע קול אחד. או התזוזה של עפעף כאשר יוזכר שם אחד. בהציצו לגוף המעונה של הנער הוא נשבע לעצמו לפתור את המקרה. הוא ימצא את המפלצת. אסיר לשבועתו הוא התפלל בכל יום רביעי ליד מיטתו לסימן אחד. חוסר הכרתו של עמוס השפיעה על כל החדר. הדממה השתיקה את המרחב. כל אחרי הצהריים נכנסה מטפלת בפיזיותרפיה למרחב ודאגה לתקווה. סילוקה של השמיכה הציגה את מראהו של עמוס, החצי מת והפיצה צער גדול. הגוף הגלוי הראה את הפצעים, שהוא נפגע בהם. בכל זאת יחד עם ההלם גדלה התקווה להחייאת הגופה. עם תנועות למודות החזיקה המטפלת את הרגליים הרזות והזיזה אותן, כאילו היא לוקחת אותו לטייל. בקול חזק היא דברה לעמוס:

"עמוס, קדימה! היום אתה צריך להראות, כמה חזקות הן רגליך!"

בצורה אקטיבית הזיזה האישה את רגליו הפסיביות של עמוס. לפעמים זה הגיע לרפלקס של העצבים. אילו היו רגעי אושר, שלרבקה צמחו תקוות לחיים מתחדשים. אחרי שלושה ימי

רביעי אחרי הצהריים נוספים, אותן חילקה רבקה בדממה עם השוטר, נפתחה הדלת בשעה לא צפויה. רופא אחד, מוכר דרך הופעתו, נכנס עם ראש מורם לחדר. בראש גאה הוא נשאר עומד לרגלי המיטה. עם מבט בודק הניד הרופא הזר "כן" שקט. הוא סיבב את ראשו קודם למיכה ואז גם אל רבקה. אז נשמע הקול הערני, שיצא דרך השפתיים הצרות: "את היא האם?"

בקול צרוד הוציאה רבקה "כן" שקט מעצמה. ליבה דפק בחזקה. היא חשה ששינוי נמצא לפניהם. בקול דומיננטי המשיך הרופא במונולוג. "ראשית אני רוצה להציג את עצמי. שמי הוא ד"ר מאייר. אני רופא העצבים החדש. עד עכשיו היה לי תפקיד הוראה בפקולטה סקלר לרפואה בתל אביב. בנוסף השתתפתי בעבודת מחקר במכון וויצמן למדע. תחום המחקר הוא סינדרום אפילפטי. אני רוצה להוסיף עוד, שזה התחום האהוב עלי . זה לא אומר, שזה עניין של אהבה. אני רוצה לומר בכך, שאני מסיבות פרטיות מקדיש את עצמי לתחום המחקר הזה. כמובן שאתם יכולים ללמוד אודות עבודת המחקר והצלחותיו, באם אתם מעוניינים. עבורי פציינטים כמו עמוס הנם בעלי חשיבות רבה. זה יהיה לי לכבוד, אם תתרמו לי את עמוס לצורכי המדע. עמוס יהיה הפציינט הפרטי שלי, עם כל היתרונות, שאנו יכולים להציע לו. בכל מקרה אתם צריכים לתת לי את הסכמתכם, כך שאוכל לבצע מבחנים וניסיונות על עמוס. חלק מהמבחנים האלה הראו כבר הצלחה. בכל מקרה, אתם צריכים לחשוב על כך, שמחקרים

אלו הנם עדיין רק בשלב של ניסיונות, וציפיות להצלחה אינן מוכרחות להתגשם. זה אומר, שאני לא יכול להבטיח לכם שום תוצאה. מספר ניסיונות הנם מורכבים ויקרים, כך שהם ימומנו מאמצעי המחקר. מבחנים אלו אינם גורמים לשום נזק. אבל לא מבטיחים, שיביאו להטבה במצב. בבקשה תחשבי על הצעתי. תחשבי גם על כך, שאין לו בלעדי כמעט סיכוי. אני מציע לך לפחות תקווה."

עם ההסברים הללו עזב ד"ר מאייר את המרחב.

שטף הדברים הביא את מחשבותיה של רבקה לבלבול. היא לא ידעה יותר למה להאמין. הדלת נפתחה. רבקה נטלה את ידו של עמוס, בזמן שהיא דיברה אליו: "עמוס, האם שמעת את זה? הרופא רוצה לעזור לך. עמוס, התפילות שלי נשמעו."

אחרי זמן רב התמלאו עיניה בדמעות. בקול רועד היא לחשה לו: "אני מבטיחה לך, שנס יתרחש. אתה עוד תרוץ, תשחק ותצחק, כמו כל הילדים האחרים. בני, אתה היית תמיד ילדו של אלוהים. אתה למדת להתפלל. אתה ידעת מאז ומתמיד, שתפילותיך הנן בעלות משמעות."

רבקה נסעה הביתה באותו ערב מאוחר. המזכירה האוטומטית הבזיקה. האור האדום הזכיר לה שקריסטיאן התקשר כל יום בשעה 19:00 מאז מה שקרה. קריסטיאן לא היה רגיל, שהיא אינה בבית בזמן הזה., לכן היא התקשרה אליו חזרה מבלי שתלתה את

מעילה הקל על הקולב ליד מעילן הספורט הכחול הקל התלוי של עמוס.

"קריסטיאן, זאת אני!"

"רבקה, מה קרה? היו לי כבר דאגות גדולות."

"אתה לא תאמין, למה שאני אספר לך עכשיו."

היא סיפרה לו אודות מה שקרה עם כל רגשותיה, שעלו ממעמקי נפשה. למרות שהשיחה עם ד"ר מאייר או יותר נכון המונולוג שלו נמשך רק מספר דקות, נזקקה רבקה לחצי שעה לעדכן את קריסטיאן.

"לא, רבקה, זה לא יכול להיות!"

"קריסטיאן, אני כל כך מאושרת. אני עדיין לא יכולה להאמין. מיד מחר בבוקר אחתום על הסכמתי. הוא אמר לי, שכל יום הנו חשוב. עבור עמוס ועבורי נספרת כל שעה."

בקול אבהי מנחם ושקט מילמל קריסטיאן את מילות הסיום:

"רבקה, למרות כל השמחה, את צריכה לשמור על ראש צלול. את צריכה לחשוב טוב, אם לעשות מעמוס אובייקט מחקרי. אלו הם ניסויים בהם את מוסרת את עמוס הלאה, רבקה היקרה."

בקול גבוה הוא הוסיף לכך:

"אם כך, תשמחי לך! אבל תחשבי גם על זה."

את המילים האלו לקחה אתה רבקה לתוך הלילה. ההתלהבות הראשונית נעלמה דרך מילותיו האחרונות של קריסטיאן. הלילה היה חשוך, שקט וקר, והגרוע מכל הוא היה ארוך מדי. הבדידות קרעה אותה והקשתה עליה להחליט. בין תקווה וצער גדול עמוק גדל הזעם בתוכה. בזעמה כל מחשבה לגזרים, אשר הייתה יכולה להובילה לכדי החלטה, נקרעה לגזרים.

עייפה, היא שמה לב שבוקרו של היום החדש כבר פצע. האוטובוס הראשון הביא אותה לעמוס, ששכב שם ללא שינוי. לא מת ולא חי. נשימה ודופק לב עשו אותו ליצור חי.

בבוקר זה כאשר היא עברה ליד חדר האחיות, ברכה אותם לשלום, ונעמדה שם בצפייה. היא הכירה את כולם, אפילו בשמות. האחיות הכירו את רבקה. גם את שמה, בכל זאת לא דברו אתה. שגרת היום-יום של מה שקרה בבית החולים נתן לצוות בדיוק את מה שהם היו זקוקים לו בעצמם כדי לשרוד במרחב שלילי כזה. הפרדה של האישיות העצמית מהמחלות הספציפיות של הפציינטים וקרוביהם. כך הופנמה רבקה בהתחלה בתור קרובה של אחד החולים, אשר החלמתם לא עברה למעשה למהלך חיובי. כך חיו שני הצדדים תחת מעטה השליליות, אותה ניסה הצוות להדחיק, כדי להישאר בחיים. רבקה קבלה רק תגובה, כאשר תשומת הלב של הצוות יכלה להתפנות אליה. אחת מארבע האחיות, שכולן נראו מאוד עסוקות,

שמה בכל זאת לב לרבקה: "האם אנחנו יכולים לעשות משהו בשבילך?"

"כן! אני מבקשת לדבר עם רופאו של עמוס."

"זה אינו אפשרי כרגע!"

רבקה לא נתנה שיסלקו אותה.

"אז מתי? את מוכרחה לדעת, כי מדובר בעתידו של עמוס. זה חייב ללכת מהר."

"אני אנסה להשיג אותו!"

"אז תצלצלי אליו בבקשה. עכשיו!"

משוכנעת בצורה נראית לעין לקחה האחות את הטלפון לידה וחייגה אל הרופא המטפל.

"את יכולה ללכת לחדר ולחכות לו שם. הוא לא נקב בזמן מדויק. אבל הוא אמר, שהוא יבוא אליך בשעה הקרובה."

עם ההצהרה הזאת רבקה נאלצה להיות מרוצה. ליותר מזה היא כנראה לא יכולה הייתה לצפות.

בצפייה מרובה ישבה רבקה על צידה הימני של מיטת עמוס. היא שמה את חלקה התחתון של זרועה על מיטתו של עמוס והחזיקה בידו, בזמן שמרפקה נגע בעדינות בשקית ליד פי הטבעת. זה היה לעתים קרובות מצב שכיח שתוכן השקית התמלא עם גזים ונוזלים. הריח הנושך נשאר זמן רב בחדר, כך שכל אחד ניסה להימנע ממנו. הריח הזכיר לרבקה את הפעם הראשונה בה

קיבתו של עמוס רוקנה. הרגשת בחילה לא הייתה לה אז. עבורה זה לא היה בנה שעשה את הריח הזה, אלא האגו האישי שלה, שדרך הולדת בנה חייה התארכו לתמיד. בכל זאת היום היה לה הריח לא נעים ומבייש. רבקה ניסתה להעלים בזמן הנכון את הכמות המסריחה מתחת לאפן של האחיות.

אחרי הצהריים המוקדמות נכנס הרופא המטפל לחדר. עם פנים רציניות הוא הביט עליה בשתיקה. הוא חיכה לשאלתה של רבקה.

"אדוני הרופא, אני לא יודעת, מה עלי לעשות. אולי אתה מכיר, איזה מומחה?"

בקרירות "כן, כן!" הוא הפסיק את רבקה. "כמובן שאני יודע, שד"ר מאייר דיבר אתך. אני אישית פקדתי עליו לכאן. הוא חבר ללימודים שלי. ואני יכול להבטיח לך, שעמוס ימצא בידיים הטובות ביותר, מיד כאשר נקבל את החתימה על הסכמתך."

"האם אתה חושב, שהוא הנכון עבור עמוס?"

"כמובן" עם הנדת ראשו להדגיש, שזה מה שהוא רוצה להגיד. הוא האפשרות היחידה עבור עמוס.

ידה הקרה חתמה על הסכמתה.

"הוא עדיין לא מת!"

מילים אלו הביאו את רבקה לצעוק בקול.

"מה?"

קולו של הרופא המטפל המשיך הלאה:

"בחתימתך הוא יהיה במצב של "עדיין לא"
לפחות יוענק לו שמץ של תקווה. ללא "עדיין לא"
הוא לא ישרוד. הוא יקבל שם את הטוב ביותר."

מספר שעות מאוחר יותר העבירו את עמוס.
רבקה הורשתה ללוותו, בדרך הארוכה למכון,
אשר רוצה לטפל בבנה החי בקושי.היא נעצרה
לפני דלת פלדה, אשר נראתה יותר חזקה מאשר
הגדרות החזקות. אחרי שהמצלמה המפקחת
צילמה בכל פינה של הרכב, היא נשארה עומדת
בכיוון פניו של הנהג. אחרי מספר שניות הפסיק
רעש מחריש אוזניים את הדממה. דלת הפלדה
נפתחה לאיטה נדחפה לצד הדרך. רבקה ראתה
במתח דרך החלון הקטן, כל מה שניתן היה
בקושי לראות בזווית הזאת. מבנה גדול מאבן חול
הופיע. מעט החלונות, שהציעו ריבועי אבן, נראו
כמו חורים שחורים קטנים, אשר שם בין אבני
החול החלקים נראו לא מתאימים. דלת משורריינת
נפתחה לה ונעה כאילו כפאה שד. כניסה
מוארת, אשר זרחה באבני השיש הלבנים שלה,
שכנה לפניהם. היא נכנסה לאולם המרשים
בעיניים בוהקות. נברשת זהב יקרה הייתה תלויה
בגובה מטרים רבים על שרשרת שחורה בתוך
המרחב. נורות ללא ספור דלקו בה. צעדיה של
אשה נשמעו. הצעדים הבטוחים של אשה
הבטוחה בעצמה, של אשה מחליטה. נעלי עקב
גבוהים שחורים, חליפה לבנה, איפור מושלם,

שנלבש על ידי אשה באמצע שנות הארבעים עם תסרוקת אסופה למעלה, לא נתנו לאף אחד סיבה לפקפק ביכולותיה של האישה הזאת. כאשר היא הלכה לכיוונה של רבקה, היא נתנה הוראה לגבר, אשר עמד ליד עמוס, להצטרף אליה. הגבר הגיב מידית. עם ידיים פתוחות היא הלכה אל רבקה. עם חיוך היא דברה אל האם:

"את צריכה להיות רבקה, אמו של עמוס?" רבקה שמה לב למבטא האמריקאי מיד.

"שמי, אמילי, ד"ר אמילי גודמן. אני רופאת עצבים ואני אטפל יחד עם הצוות שלי באופן אישי בעמוס."

היא נטלה את ידה של רבקה והחזיקה אותה חזק עם המילים:" אני אטפל בעמוס כמו בילדי שלי. זאת עלייך לדעת."

רבקה חשה במחנק בגרונה. היא לא העזה לומר דבר. עם קול צרוד היא שאלה, אם היא רשאית לבקר את עמוס באופן קבוע?

"ברור שאת יכולה לבקרו מתי שאת רוצה. את יכולה אפילו להישאר לישון כאן, כאשר אין לך אפשרות להגיע חזרה הביתה."

מילים אלו הקלו את ראשה של רבקה. "גבירתי הרופאה, יש לי עוד בקשה."

"והיא?"

"מיכה בלום, השוטר, שכל יום רביעי ביקר אצל עמוס, מאז שהוא שוכב בבית החולים. מותר לו להמשיך את ביקוריו?"

"ברור, רבקה. ביקורו הוא דווקא רצוי. במקרה שלעמוס היו קשרים עם האנשים האלה. אני נבחן את תגובותיו של עמוס על כל אחד ואחד. זה חשוב, שלעמוס יהיו קשרי אנוש. כך יתאפשר לבחון את תוצאות הבדיקות. את עוד תראי שהוא כבר בקרוב יגיב על הימצאותך."

רבקה התפלאה, שאשה זו, שלא הכירה את עמוס יכלה לתת תחזית כזאת. בקול רך, אמרה רופאת העצבים:

"רבקה, קראי לי בבקשה אמילי. זה עושה את הכל פשוט יותר. את צריכה לדעת, שאנחנו פה חוקרים. לכך עומדים לרשותנו אמצעים שונים. זה אומר אבל גם, שאיננו יכולים להבטיח דבר או לתת תחזיות. בכל אופן יש לנו את האפשרויות, שעדיין אינן פתוחות, בפני מה שנקרא הלם. אנחנו עושים ניסויים למצוא מהי הצעדים, שעשויים להציל את חיי עמוס. דברים מסוימים ידועים לנו כבר, אבל הם עדיין לא נוסו מספיק. רבקה, אני מבטיחה לך רק אחת, שעמוס לא ירגיש כאבים. הבנתו הנה נעולה, אבל אנחנו יודעים, שנשמתו עדיין חיה, כמו שליבו דופק עדיין." עיני רבקה החלו לבעור. הכאב הבוער העלה דמעות בעיניה. מצב רוחה היה מרומם ומלא תקווה.

רבקה לא חיכתה לצלצול של קריסטיאן. היא הייתה כל כך מרוגשת, שהיתה מוכרחה להתקשר אליו. עם שמחה מלאה היא דיווחה לו אודות ההצלחה, אשר למעשה נבעה מהלבביות של החוקרת. חסרת נשימה היא סיפרה לקריסטיאן אודות האפשרויות, שמציעים לעמוס, על האולם הגדול, הנברשת, אודות המכון ושמיכה בלום השוטר, ימשיך לבקר את עמוס.

"מי זה מיכה בלום?" צעק קריסטיאן דרך השפופרת.

רבקה נבהלה. "לא סיפרתי לך עליו משהו?"

"לא, אני לא יכול להיזכר בכך!"

הוא נשם עמוקות, כדי לתקן את הטון שלו.

"לא רבקה, את באמת לא עשית זאת. אבל אל תעשי שום עניין מכך. כנראה את הדחקת את האיש הזה. יש לך מספיק סיבות להדחיק גברים. אולי את רוצה למרות המצב ההגנתי העמוק שלך לספר עליו משהו."

קריסטיאן בחר את מילותיו בקפידה, על מנת לתת לה את ההרגשה, שהוא מעלה את הבעייתיות שלה עם גברים למרכז הבמה ולא את סקרנותו.

"מיכה הוא למעשה מאוד נחמד. הוא שקט. אנחנו מדברים מעט. הוא יושב בעיקר ליד מיטתו של עמוס ומחזיק את ידו. כאשר הוא החזיק את ידו של עמוס בפעם הראשונה הוא ביקש רשות

לכך. ללא זאת הוא לא היה מעז לגעת בו. אני מעריכה את מיכה מאוד. הוא בא כל יום רביעי בדיוק על הדקה והולך כעבור שעה משם."

"אבל, מה הוא מחפש שם?" רק להחזיק את ידו נראה לי פתולוגי.

אחרי מחשבה ארוכה, מעט מבוישת ענתה רבקה עם מילים מחושבות: "לא, אני לא חושבת. הוא הרי שאל תמיד בהתחלה, האם אני לא יכולה להיזכר במשהו. מלבד זאת הוא הבטיח לי לתפוס את האנס של עמוס. בזה יש לי אמונה שלמה!"

מלא בזעם הפסיק קריסטיאן את רבקה. "מה הוא רוצה? מי הוא הטיפוס הזה, שהוא מבטיח זאת?"

מלאה בהרגשת ניצחון ענתה רבקה: "השוטר שיפתור את התיק של עמוס!"

קריסטיאן העביר נושא לכיוון אחר, כדי לסיימו מהר.

קריסטיאן לא ישן באותו הלילה. בין הפחד שיתגלה והקנאה שלו, שנראית שמעוורת אותו. הוא ניסה לקבל תמונה ברורה לגבי מה שקרה בישראל ללא נוכחותו.

זעם עיוור דחף את מחשבותיו. הוא ראה את עצמו בעתיד חסר ישע. רחוק מהאישה, אשר אליה רצה להיות כה קרוב.

חוסר השינה עשה את קריסטיאן לחסר ריכוז, הוא העניק לפציינטים שלו תשובות רדודות, כמו שכל אחד אחר היה יכול לתת. תשובות חסרות ערך לבעיות נפשיות עמוקות. זה היה גלוי שזה מעבר ליכולותיו. הפחד לא להיות יותר בשליטה על מה שקורה בישראל, לקח ממנו את יכולתו בהווה. מעבר מיום אחד לשני הסתיים באמנזיה. חייו נראו כאבודים. מלא במחשבות שהוא חייב להיות נוכח בישראל, הוא הכין את מזוודתו. הטיסה הבאה הוזמנה. המרפאה שלו נסגרה עקב מחלה. תשע עשרה שעות מאוחר יותר הוא ישב 500 קילומטר מביתו, בשדה התעופה במינכן.

במטוס נפלה עליו העייפות. שנתו פחתה בהרבה מארבע שעות הטיסה, למעשה רק שעתיים, כך שנשאר לו מעט זמן לתכנן את דבריו ומעשיו. הוא נחת בתל אביב ללא תכנית. מלא בהערכה עצמית הוא ציפה, שרבקה תשמח על ביקורו הבלתי צפוי. הוא שיחק כל הזמן עם המחשבה, איך היא תהיה מופתעת, כאשר היא תראה אותו.

בשעה 6:00 בבוקר הוא עמד לפני דלתה של רבקה. הוא חשב, שזה עדיין מוקדם מדי, כי בינתים פעילותיה והרגליה היו ידועים לו בדיוק. הוא נשאר בחשכה ליד קיר בית. הוא עישן מספר סיגריות, למרות שהוא הפסיק מספר שנים קודם במאמצים גדולים לעשן, כי הדחף לעשן לא נעלם. אחרי הנחיתה הוא הלך ללא היסוס לחנות וקנה לעצמו סיגריות, אשר להן הוא התגעגע מזה זמן רב. הוא עמד שם במסתור. הוא

תכנן להפתיעה. היא בטח תשמח על ביקורו הלא מוכרז. הוא ראה אותה מחייכת, את עיניה, שבריקו משמחה. הוא הרגיש איך הוא ייקח אותה בזרועותיו. הוא שמע את קולה, שחוזר ואומר, כמה היא מאושרת לראותו. קריסטיאן ראה בשעונו את השעה. השעה אפשרה לו לעשן עוד סיגריה אחת, כדי לצלצל בדיוק בזמן על דלת ביתה.

הוא צלצל פעמיים. קריסטיאן היה משוכנע, שרק זר מצלצל פעם אחת. הוא חיכה. הוא צלצל פעם שניה פעמיים. בכל זאת הדלת נשארה נעולה. "זה לא יכול להיות", הוא אמר לעצמו בשקט. אם הוא יקרא בקול דרך המסדרון, אף אחד לא יבין את שפתו. חסר ישע הוא הלך לאורך הרחוב. הוא מצא מקום בבית קפה. משולחנו הוא יכל לצפות על הרחוב עם הבית בו היא גרה. עם מבטים מכוונים לדלתה של רבקה הוא שתה שלוש כוסות קפה וכוס אחד מים. אחרי כל כוס הוא שילם מיד את החשבון, כך שהוא, באם יראה את רבקה, יוכל מיד לעזוב את בית הקפה. פתאום הוא ראה אותה. בצעדים מהירים הלכה רבקה לאורך הרחוב. קריסטיאן התרומם בקפיצה. השולחן הקטן כמעט נפל. אך הוא התעלם ממנו. עם מזוודתו הוא רץ במעלה הרחוב. "רבקה, אני כאן!" הוא צעק דרך רעשי מנועי הרכבים. אחרי קריאות רבות היא הבחינה בו. ידיו המורמות נראו כבר על ידי כל אחד. רבקה נשארה עומדת. היא כנראה לא הכירה אותו. כאשר הוא התקרב, היא התקדמה במספר צעדים לכיוונו. חסר נשימה הוא עמד ממולה.

נושם בכבדות, כמו כלב, המצפה להשיג עצם, קריסטיאן חיפש את תשומת הלב של רבקה. ללא זרועות פתוחות, שמקיפות אותו. ללא חיוך מזמין, המקדם אותו בצהלה. במקום זאת קיבל אותו מבט שואל. ללא מעצור מילמלה רבקה:

"מה אתה עושה כאן?" קריסטיאן נהיה נבוך. טיפות הזיעה על מצחו החלו לזרום. רעד חיוכו גילה לרבקה, שהיא כנראה עשתה טעות. תגובתו לא נראתה.

נראית במבוכה העלתה רבקה חיוך מעושה לפניה:

"קריסטיאן, אתה הפתעת אותי. אני בהלם. אני איני יודעת בכלל, מה עלי לומר."

הרפלקסים של קריסטיאן פעלו היטב גם במצבים כאלו. הוא התעשת בצורה מפליאה.

קריסטיאן ניצל את הרגישות שלה, כדי להדגיש את ההיגיון לנסיעתו.

"רבקה, אל תהיי כל כך עצובה. אני באתי לנחם אותך. את עוד תראי, שאני חבר כזה, שילך אתך בכל הדרכים."

"זה מאוד נחמד מצדך. אמור לי, האם כבר הזמנת מלון?"

שאלה זו הייתה כרטיס הכניסה של קריסטיאן לחיי רבקה. הוא חדר לתחום האינטימי של רבקה כמו שחקן כדורגל על דשא טרי במגרש כאשר מתחילה אליפות העולם. מלא בכבוד ויחד עם זה עם הרגשת נצחון הוא נשא את מזוודתו לתחום שהיה פעם שייך לדוד.

לבו של עמוס

מיכה בלום נשאר עומד ברכב הפיז'ו התכול שלו ברחוב הצר לפני ביתה של רבקה. ברגל רועדת מיהרה רבקה להיכנס לתוך הרכב, האמור להביאה אל בנה במכון. כל יום רביעי מיכה לקח את רבקה לשם, כדי לחכות לנס ליד מיטתו של הנער. רבקה סיפרה לו בזמן הנסיעה אודות קריסטיאן, חבר הילדות, שאותו היא בקושי זכרה, שהיום הוא פסיכיאטר, שבא לעזרתה בזמנים הקשים האלה.

"מיכה, אין בכל זה כאן את יד המקרה!" קבעה רבקה. "כאן קרה משהו כה נורא, שאדם רוצה היה לאבד את ראשו ובאותו רגע צץ לו פסיכיאטר ועומד לצידו. מיכה, אתה מאמין במקריות?"

הוא ענה בקצרה בהתרכזותו בתנועה, שמשהו כזה יכול לקרות. רגוע ומרוכז הוא עקב בנסעו אחרי שיירת הפח ברחובות ישראל. אחרי מספר קילומטרים נהיו הרווחים בין הרכבים גדולים יותר. המרחקים האלה השאירו רווחים שאפשרו לו לנהל עם רבקה שיחה אודות מזג האוויר ודברים אחרים. הוא התעלם מנושאים, אשר לא יכלו להסתיים אחרי משפט אחד או שניים. השקט של מיכה עבר אל רבקה. הם נכנסו אפופי שתיקה ביחד לחדרו של עמוס. לרגלי המיטה מלאו מילותיה של רבקה את האולם הדומם במילים הקבועות: "הלו עמוס, אמא כאן. מיכה יתיישב מיד לצידך השמאלי!"

אבל ביום הזה השתתקה רבקה כאשר ראתה את עמוס. רבקה נשארה לעמוד בין הדלתות הפתוחות. היא נהייתה לבנה. פיה נפער לרווחה. סנטרה נפל למטה. ללא קול. מיכה נאנח לעצמו. נשאר עדיין עומד. אחרי מספר שניות של חוסר אונים רצה רבקה לאורך המסדרון. אחרי מספר מטרים היא החלה לצעוק:

"הצילו! אני צריכה עזרה! אמילי! גברת רופאה גודמן, היכן את?"

דרך חדר המדרגות נשמעו דפיקות עולות של נעלי עקב. קול הלך לפני האדם העונה:

"רבקה, אני באה מיד. הישארי רגועה. הכל בסדר!"

רבקה תפסה בראשה. "מה עשית עם בני?"

"בואי רבקה, נלך לעמוס. אני אסביר לך הכל!"

אמילי גודמן לקחה את רבקה בזרועה והוליכה את האם שהייתה בשוק אל בנה. רבקה הביטה חסרת אונים בבנה. תלתליו השחורים נעלמו. הוא שכב שם בראש מגולח למשעי. מספר רב של קבלים הודבקו לראשו החלק, מחוברים לכפתורים כסופים. ברגים שהיו תקועים בראשו.

"רבקה, גם אם ברגע הראשון זה נראה נורא, אני מבטיחה לך שלעמוס אין כאבים. זה לא כואב לו. אני רוצה להראות לך את ההצלחות הראשונות. אז תראי גם שלעמוס אין כאבים!"

היא הובילה את רבקה קרוב למכשיר, שהיה ממוקם ממש ליד מיטתו של עמוס. למכשיר זה היו מחוברים כל הקבלים שעל ראשו עם מקלות המתכת מקובעים בתוך מכסה הגולגולת הרך.

"רבקה, אני רוצה לבקש ממך להחזיק את ידו הימנית של עמוס. הביטי בבקשה על המוניטור!"

ד"ר אמילי גודמן נתנה לה הוראות מדויקות. רבקה עשתה כפי שהורו לה ללא השהיה.

"עכשיו, דברי עם עמוס. תשוחחי אתו. ביחד עם זה עקבי אחר הקו האדום על המוניטור."

עם ההוראה הזאת רבקה דברה עם עמוס ללא שהורידה את עיניה מהמוניטור.

"עמוס, אמא נמצאת כאן!"

היא חזרה על המשפט הזה, ללא שראתה משהו. היא סובבה את ראשה בשאלה אל הרופאה.

"האם ראית משהו, רבקה?" "לא, מה הייתי צריכה לראות? האם אני עושה משהו לא נכון?"

"החזיקי את ידו ביתר חוזקה ודברי אליו, כאילו שגה כרגע במשהו".

היה לה קשה למלא אחר ההוראות האלה. הרי הוא לא באמת עשה משהו לא נכון. דמעות נושכות מלאו את עיניה של רבקה. הקו האדום נהיה לגל, שנראה כזורם לשום מקום. היא לחצה את היד.

"עמוס, אני חייבת לנזוף בך!"

שום דבר לא קרה. רגעים חלפו עד שרבקה פתאום צעקה:

"אני כאן, עמוס!"

"יש כאן שינוי!" גמגם מיכה. מיכה ראה את השינוי בקו האדום. רבקה פרצה בדמעות.

"הוא יכול לשמוע אותנו!"

"כן, רבקה, הוא יכול להבחין במשהו. זה סימן טוב. המכשיר הזה מודד בצורה יותר רגישה מאשר א.א.ג., זרמי המוח נמדדים על ידו. על מנת לאפשר זאת, היינו מוכרחים לגלח לו את הראש."

רבקה קבלה הסברים אודות המכשיר המודרני. היא למדה, שעל מקלות המתכת נתלו שנים עשר חיישנים, כלפי שנים עשר העצבים המוחיים, אשר יש לאדם.

"משם נובעים כל העצבים בתוך גופנו. שנים עשר עצבים אלו צריכים להחיות מחדש, בכך שהם ילמדו לשם מה הם שם!", הסבירה אמילי גודמן לרבקה בהשתמשה במילים הכי פשוטות וסיימה את השיחה בחיוך, שההצלחה תתחזק, שעמוס הראה תגובה, גם ללא שעשו לעצבים סימולציה. "רבקה, עמוס מראה, שמוחו איננו לגמרי מת. זה אומר, שהסיכויים קיימים להעיר תחומים נוספים!"

בחוסר אונים צחקה רבקה אל אמילי גודמן. "תודה, תודה רבה גברת רופאה!"

כבר בדלת הבית נפלה רבקה לזרועות קריסטיאן.

"קריסטיאן, זה ממש נס!"

"רבקה, מה זה נס? האם את שמחה על השולחן הערוך שהכנתי?" את אינך יודעת עדיין מה בישלתי!"

אמנות הבישול של קריסטיאן הייתה בהכנת מרק מהקופסה, רביולי וביצי עין.

הוא היה משוכנע בכך, שהמטבח היה אזור אסור לגברים. אבל זאת רבקה לא יכלה לדעת. הוא התנפל עליה בשאלות, כדי למשכה אל צידו. כמו מנצח, שנותן הוראות עם תנועה שקטה, רבקה צריכה לציית לקריסטיאן. חייו יהיו לחייה. מחשבותיו יהיו למחשבותיה. עם שאלותיו הוא הטה את מחשבותיה. אבל הלילות היו שייכים לעמוס. רבקה ישנה במיטתו של עמוס בחדר הילדים הקטן, בו מספר ספרים דתיים סימנו, שהוא היה קרוב לעבור מהילדות לבגרות. כיסוי הקירות בכוכבים, דובי חסר אוזן, צעצוע של רכב כיבוי אש ועוד מספר דברים כמו משחקי ילדים ואוסף אבנים היו הסימנים של נער, שיתגעגע לילדותו בעולם המבוגרים. רבקה ישנה בתוך כלי המיטה של עמוס במיטת הנוער, אשר הוא קיבל בהתחלת

בית הספר היסודי, ושאמור להחזיק עד שיעזוב את בית הוריו.

אז לפני פחות משבע שנים פתחה את שעריה חנות רהיטים שבדית בישראל. היו מספר הצעות, אשר דוד ראה בתור סיבה, לרכוש לעמוס לרגל כניסתו לבית הספר מיטה גדולה יותר. כאשר דוד בנה במו ידיו והעמיד אותה, הוא זרק את עמוס על המיטה וצעק:

עמוס, איך שהאדם מכין את מיטתו, כך הוא גם ישן!"

בצעקות שמחה קפץ עמוס על המיטה, כמו על טרמפולינה והלך וחזר על מילותיו של אביו. כל ערב כאשר רבקה נכנסה לחדר, היא ראתה את בנה קופץ וצוהל. היא שמעה את צלצול קולו, שחזר על מה שדוד אמר, איך שהאדם מכין את מיטתו כך הוא גם ישן בה. חדר הילדים שימר את כל העצמים עם המילים האלו. כל לילה רבקה צללה לעולמו של עמוס, להחיות את חיותו האחרונה. קריסטיאן ישן במיטה הזוגית בצד של דוד. בחדר הזה, בו החיים הזוגיים של ההורים קרו. ארון בגדים עם ארבעה דלתות, שני שידות לילה מתאימות עליהם עמדו מנורות לילה קטנות. ליד כל מנורה שעון מעורר, שהראה ששם ישנו שנים, שהתעוררו בזמנים אחרים. באמצע בין השידות תפסה מיטה צרפתית את רובו של החדר. כאשר הוא נכנס לראשונה לחדר קריסטיאן שם לב לשינוי קטן בין צידי המיטה. כך הוא מצא את צידו של דוד. על

השידה היה מונח ספר, שממנו יצא סימנית קריאה שבלטה מספר סנטימטרים. עליה היה תלוי חוט דק עם פרפר אדום מפלסטיק מחובר אליו. מאחר ונושא הספר היה בעברית ועבורו לא קריא, הוא היה חייב לצאת מכך, שסימניית קריאה כזאת הנה של אשה. זה היה הסימן היחיד, שסימן היכן צד המיטה של רבקה. ישר למטרתו הוא הלך לצד של דוד והעמיד לידה את מזוודתו, כמו שזה מקובל בחדר מלון.

"קריסטיאן, זוהי מיטתו של דוד!" רבקה הוסיפה לאחר הפסקת מחשבה קלה עוד: "אבל זה לא עושה שום הבדל, היכן אתה ישן, כי אני איני ישנה יותר בחדר הזה. אני נמצאת בלילה אצל עמוס. כאן אני חושבת רק על דוד. מה שעושה אותי מרוגזת, כי אז אני לא יכולה לחשוב על עמוס. עבורי זו חובה לחשוב עליו ללא הפסקה. אחרת יש לי את ההרגשה שנטשתי אותו. איזו אמא תעזוב את בנה, או תוותר עליו? זה כבר מספיק, שאביו עזבו לגורלו. עמוס צריך תמיד להרגיש, שאני נמצאת אתו! בכל זאת אם וילדה הנם יחידה אחת, שאותה אי אפשר להפריד. אמור לי קריסטיאן, האם זאת לא נאמר על ידי פרויד?"

עם השאלה הזאת קריסטיאן לא היה יכול ולא רצה להתחיל. הוא יצא מזה בצורה אלגנטית: "את יודעת רבקה, פרויד לא היה מעולם המועדף עלי. אני למעשה יותר מודרני, אני מנסה לייצר תמונה אישית שלי. זה כמובן במקרה יחיד קשה יותר, אבל מיוחד, כמו שאנשים הנם באמת. כך

הולכות הדיאגנוזות שלי יד ביד עם הממצאים של פסיכיאטרים אחרים, אבל זה לא מפריע לי. בכל זאת אני רק פסיכיאטר ולא חוקר, אשר קורא לעצמו פרוידיאני. את יכולה עכשיו לחשוב, שאני מאוד מעריך את עצמי. אבל בכל מקרה אינני בן אדם שפל!"

במילים האלו תיזכר רבקה בשלב יותר מאוחר, כי באותו רגע עלה במוחה ביטוי בגרמנית, ביטוי, שהיא מעולם לא השתמשה ואפילו אם הכירה מילה דומה, היא לא הייתה מאז ילדותה במצב שרצתה לחשוב ואפילו לרצות לומר אותו. "המאונן!" זה היה הביטוי שעבר בראשה, ועשה אותה חסרת שקט. היה לה אפילו הרגשת אשמה, כי קריסטיאן היה כל כך טוב אליה.

שיר הערש של מיכה

הפיז'ו התכולה של מיכה נסעה שוב קדימה. הפעם נכנס קריסטיאן עם רבקה לרכב. כאילו זה מובן מאליו הוא התיישב במושב הקדמי ליד מיכה. זה נראה כמו זכות עליונה של הגברים לשבת קדימה ברכב. ללא מילים ישבו שני הגברים אחד ליד השני. שקט נימוסי שלט בדממת הרכב הנוסע, שאמור להביא את כולם מהר לעמוס. לא עברית וגם לא גרמנית אמורים להביא מישהו להרגיש לא בנוח, אם מישהו לא יבין. קול הרדיו נשמע כמו בארצות אחרות. מפעם לפעם ניגן שיר משנות השישים. השער הגדול לביתו החדש של עמוס התקרב. הדרך לחדרו הפכה בינתיים להרגל. התקשורת עם הצוות נהייתה יותר אישית. אווירה משפחתית נתנה לסביבה מעט חמימות. אף אחד לא היה בשוק למראה עמוס. רבקה נטלה את ידו הימנית של עמוס ונשקה לו בקבלת פניו. יחד היא החלה להשמיע משפט וחזרה עליו הלוך ושוב. זה היה התפקיד שלה. כך ולא אחרת היא הייתה אמורה לדבר עם עמוס. למעשה היה עליה לומר משפט אחד. הלוך וחזור. מיכה תפס את מקומו. הוא ישב בשקט בצד שמאל ובחן את הקו האדום במכשיר שמדד את זרמי המוח. קריסטיאן עמד בסוף המיטה והחזיק במסגרת המיטה בשתי ידיו, כאילו הוא מחזיק אותם. הוא בחן את עמוס ללא הפסקה. שקט וללא התרגשות. הביקור הפסיק את התהליך. מילמולו של קריסטיאן באנגלית הפסיקה בבת אחת את הדיבורים בעברית.

"סליחה גבירתי ואדוני, אני רופא מגרמניה!"

לובשי החלוקים הלבנים סובבו עצמם אל קריסטיאן ועברו לדבר בשפה מקצועית, שאותה יכול היה רק קריסטיאן להבין. בצד מה שקרה ניסה מיכה ללכוד את מבטה של רבקה. הוא ראה שהיא משתוממת, מושכת בכתפיה ונתנה לו להבין על ידי סימן, שהוא יתערב בנעשה. מיכה התחיל להתרגש. רבקה נראתה כחסרת ישע. היא לא יכלה להבין. מיכה השקט הוציא מפיו בכחוכ "סליחה" ששיתקה את הנוכחים.

"סלחו לי שאני מפסיק אתכם! אבל האם אינכם רואים, שהקו האדום השתנה בחזקה?"

רבקה החזיקה את ידה לפני פיה והייתה משותקת. הרופאים הביטו למוניטור. באמת! הקו השתנה. פני הנוכחים הראו תקווה, שמחה והפתעה. אחרי רגעים ארוכים שאל אחד הרופאים:

"מה הייתה הסיבה לשינוי?"

ללא שחיכה לתשובה הוא נתן את ההוראות, להודיע מיד לד"ר גודמן. חלוקים לבנים נוספים מלאו את האולם שהיה בדרך כלל נטוש. כל אחד רצה לראות את מה שקרה. רבקה התבקשה ללכת מעט הצידה, כדי שד"ר גודמן תוכל להביט טוב יותר במוניטור. מיכה ורבקה עמדו בצד. שקטים ומלאי תקווה. ד"ר גודמן הפסיקה את חוסר האונים בשאלה:"מה הייתה הסיבה לשינוי?"

כל אחד רצה למצוא את הסיבה. אבל אף אחד לא יכול היה לשחזר את החצי שעה האחרונה.

המחשבות הקשות למציאת התשובה בין הרופאים הביאה לשתיקה. ד"ר גודמן חזרה על השאלה. היא שמעה קול מאחד מפינות האולם. מיכה הוציא ביום הזה עוד כחכוח מעצמו.

חלק מהנוכחים ראו אותו בקצרה מזווית עיניהם. מעט מפריע היה הכחכוח. זה נראה כהפרעה שלא היתה בה כוונה והתעלמו ממנה. רק רבקה שמה לב לעוד משהו מוזר. היא ראתה, שמיכה בכחכוחו משך את ידיו קדימה, הוא נראה כמו שמצא משהו. בביטחון הוא העביר את ידיו לכיוון בטנו. הוא נע בשקט לכאן ולכאן, כמו החזיק אוצר בין גופו לבין ידיו, שהוא שמר ברכות ובהגנה בנענעו לשינה. רבקה הפנימה את המציאות. הנענוע שלו הרגיש כמו שיר ערש. היא ראתה וחשה, שמשהו קרה. אבל לא יכלה למצוא שום הגיון. מה שקרה הפך להלם, שבלם את מחשבותיה של רבקה. בכל אופן רצה האינסטינקט שלה לתת לה להבין, מה שהיא עדיין לא יכלה לבטא במילים. הרגשת הבטן שלה דברה אליה בשפה אחרת.

אחרי מספר דקות החליטו החלוקים הלבנים לבדוק את המכשיר. הוא לא נמצא מקולקל. הקו האדום נהיה יותר שקט, ונשאר קבוע יציב וחזק מאי פעם.

ללא הערות עזבה אמילי את האולם. הרופאים האחרים עזבו אחריה. רבקה,

קריסטיאן ומיכה יכלו לראות את עמוס. קבוצת החוקרים המשתאים עשתה אותו לחסר בטחון. נגד הזרם של לובשי החלוקים הלבנים דחף מיכה את גופו בכיוונו של עמוס. בצורה דומיננטית לא רגילה הוא עמד כבר ליד המיטה לפני שרבקה יכלה למצוא את מקומה. מיכה נשאר מתנשא עם גופו העליון, רגליו פתוחות מעט, כמו רצה להציג חומה בצורה. הוא לקח את ידו הימנית של עמוס ואמר לו בקול חודר:

עמוס? מי עשה לך זאת? אמור לי. עמוס דבר איתי. אני אגן עליך, נערי!"

עיני מיכה התמלאו בדמעות. למרות שידע שלא יקבל תשובה. בכל זאת הוא חזר פעמים רבות על שאלתו. זה היה מראה לא שיגרתי. רבקה הייתה מבולבלת. בפעם הראשונה היא שמה לב לאמביציה של מיכה. היא הייתה מלאה התרגשות מהתגובה שלו. המראה נתן לה דקירה בלב. קריסטיאן פנה לרבקה בשאלה ולחש לה במבט חסר הבנה, מה הוא מוציא מעצמו? הוא לחש עוד בצורה גלויה: "האם זה שיר ערש של מיכה בעברית?"

"לא, זה נותן לו כוח, קריסטיאן! מיכה נותן לעמוס כוח!"

היא חייכה כמו אם, אחרי שהביאה את ילדה לעולם ומחזיקה אותו בזרועותיה בפעם הראשונה. בהרגשת קלילות ובתקווה מלאה היא נהנתה מסיום היום עם שקט פנימי, שמאז חודשים לא הכירה יותר. היא מצאה את השלווה

שלה במצב החדש ובתקווה. שיר הערש של
מיכה נתן לעתיד להתעורר.

עתיד ישנוני

הזמן המיוחד הזה היה כאשר היא עם עמוס ודוד העבירו ביחד בשלווה. מיד כאשר ירד הערב על יום שישי, הדליקה רבקה את הנרות. עמוס עמד שם תמיד לצידה. עם האורות נכנסה ההרמוניה לבית. נהיה שקט. הכל היה אחרת מאשר בערבים אחרים. רבקה הכירה שלווה כזאת מתקופת ילדותה. אפילו בזמן, שהיא העבירה בגרמניה, ליוותה אותה השבת. תמיד ובכל מקום היה בשבילה הערב בו האור נכנס הביתה. השבת הביאה לה, לעמוס ולדוד את האור, שהעניק להם תחושת בטחון בתוך בית של שלום. כעת במקום שלום ושקט חשה רבקה את השבת רק בתור מחסום, אשר הפרידה מעמוס. היום שהיה יום השלום הפך מאז ליום חסר מנוחה, שלא אפשר לה להגיע לעמוס. שכן הכל שקט, אפילו האוטובוסים והרכבות. לעתים קרובות היא חישבה וחשבה היכן היא יכולה לחסוך, כדי לממן רכב קטן. אבל הקצבה, שקיבלה מהרשות הסוציאלית, הספיק לה רק כדי לחיות. היא יכלה להעריך את עצמה מאושרת שהיא יכלה להישאר בדירה, בחדרו של עמוס. דוד שלח לה מזה מספר שבועות מעט כסף. זה הספיק לשלם עבור הנסיעות. לכן רבקה הייתה מאוד מאושרת כאשר מיכה הודיע לה לאחר שעמוס הראה תגובה ראשונית שהוא רוצה לשבת ליד מיטתו של עמוס מספר רב של פעמים במשך השבוע. אבל השבת נשארה ללא מרגוע. זה עשה אותה לא רגועה לא להיות אתו.

אלו היו השעות של שקט שאי אפשר לשאת, שנתן הרגשה של ריקנות אין סופית.

הערב השישי הראשון, שהיא בלתה עם קריסטיאן, אמור היה להיות ערב מיוחד. קריסטיאן סיפר לה פעמים רבות, איך חוגגים היהודים את השבת. היא לא רצתה לנפץ את אשליותיו. למרות שאלו היו עבורה ימים מפחידים. הכרת התודה שלה עשתה אותה תלויה בו. ללא ביקורת היא הסכימה אתו תמיד. הוא סיפר לה על השבת, כך כמו שהוא המציא אותה. היא נדה בראשה בהסכמה.

אחרי הצהריים שנראה שלא יסתיים לעולם, דפיקות נשמעו על דלת הבית. הדפיקות נתנו לרבקה להבין, שזה יהודי אורתודוקסי הרוצה להיכנס. לצלצל היה אסור ביום הזה, כי לפי הציוויים זה נפל מתחת לאיסור ל"הבערת אש". בחרדה הביט קריסטיאן ברבקה.

"רבקה, מי מפריע את מנוחת השבת?"

ללא שנתנה תשובה לקריסטיאן, היא הלכה ופתחה את הדלת.

"שבת שלום, רבקה!"

איש זקן עם זקן אפור וארוך נכנס לסלון. רבקה נראתה שמחה. אביו של השכן בא לבקרה. לפעמים הוא גר אצל בנו היחיד, אדם פחות דתי. יעקב קרמר היה רב, שבגיל שמונים לא העניק לעצמו שקט. דרכו למד עמוס בתור ילד קטן

להתקרב לדת. יעקב היה לו לדוגמה. כך שאף עמוס להיות פעם. יעקב היה מעודכן בכל. הוא ידע אפילו היכן דוד עבד לאחרונה. מי ומה היה קריסטיאן הגיע גם לאוזניו. אבל הוא עדיין לא הכיר אותו אישית.

"שבת שלום, יעקב!"

רבקה ברכה אותו בלבביות, ללא שהושיטה לו את ידה. קריסטיאן נראה נבוך. המצב הזה היה לו זר. יעקב בא אליו ובירך אותו בגרמנית.

"אתה אמור להיות קריסטיאן."

"אתה צריך לדעת שהעולם הנו כפר. בעיקר בישראל. אף אחד לא מדבר על אף אחד, וכל אחד רואה את השני!"

"אדון קרמר, הגרמנית שלך טובה מאוד. מהיכן אתה באת?"

"כאשר הייתי נער קטן, גדלתי עם הורי בעיר ליד מינכן. בגיל תשע הביאה אותי רכבת לאנגליה. לבד!"

במילים אלו הסתובב האיש הזקן לרבקה ושאל אותה אודות עמוס. הוא שמע שמשהו זה אצלה.

"לא יעקב, זה לא ממש. קו במכשיר אליו הוא מחובר נע ביתר חזקה. מוחו של עמוס מחובר בקבלים חשמליים, המחוברים לשנים עשר גזעי מוח ועושים לו סימולציה. אך יעקב, הכל זה יותר מדי מדעי בשבילי. למעשה איני יכולה להבין

בכלל. אבל אם עמוס מגיב למשהו, זה מוכיח שמוחו עובד!"

"רבקה, זה מוכיח אפילו יותר!"

האיש הזקן התיישב ונשם עמוקות.

"זה מוכיח את עקרונות הקבלה, שאומרים: "כמו שזה למעלה, כך זה למטה וכמו שזה בפנים זה גם בחוץ." זאת את יכולה להכיר דרך שנים עשר שבטי ישראל. כדי להבין זאת צריך לנתח את החשיבות של שנים עשר השבטים. הם מייצגים מיסטית תקופה קדומה קודם להקמת מדינה בהיסטוריה של ישראל, כמו שנים עשר המזלות המסבירים את אופיים של האנשים. כך יש לנו מיוחדות, שאותה מנהיגי הארץ צריכים לנצל. כך אמורים שנים עשר השבטים להנהיג את ה"עולם". לכל אחד יש פונקציה שאינה תלויה. הרקע ההיסטורי לא צריך לעצור אותנו מלמצוא את שנים עשר השבטים בעולם שלנו בתוך הגוף שלנו. העיקרון הקבלי: כמו בפנים, כך בחוץ! מאחר והקבלה אינה מכירה בזמן, לא ההיסטוריה, לא הגבולות הגאוגרפים צריכים לשחק תפקיד. השבטים האלו הנם למעשה, מה שמאפשר לחשוב אצלנו, להרגיש, לתכנן, ללכת, לישון...לראות. כמו בפנים, כך בחוץ. מה שאומר שהעולם בחוץ נמצא בתוך כל אחד. מנותק מזמן ומקום. כל אחד הוא עולם. שכן שנים עשר השבטים האלה מוצאים את עצמם בתוך מוחנו. אלו הם שנים עשר גזעי המוח, שמאפשרים לנו לחיות. האמת היא, שלכל אדם

למעשה יש שנים עשר גזעי מוח שמתפצלים בתוך הגוף למספר בלתי ניתן לספירה כמו בעץ החיים." הוא עצר אחרי שטף דבריו, נאנח קצרות והעיר, "רבקה, עכשיו אני מעכב אותך. זה כבר מאוחר." רבקה הביטה בו ואמרה בשקט, "יעקב, בבקשה המשך לספר." לאט לאט היא התחילה להבין! "האם אתה חושב שהוא חי עדיין, גם כשהוא לא מדבר?"

"כן, רבקה! רק שבעולמו אין חלק "כמו בפנים, כך בחוץ". הוא עדיין לא יכול להתחבר אלייך. הקבלים ידאגו לכך. עד אז תחשבי בבקשה על גזע המוח הקצר ביותר, עצב הראיה. זה לא משחק שום תפקיד מה ראה עמוס באותו יום, אלא מי נמצא היום בקרבתו. רבקה, לכי בפעם הראשונה בדרך הקצרה, לפני שאת מאבדת את מקומך במרחק!"

קריסטיאן נפרד מהאיש החכם ליד הדלת עם חיוך מאולץ. הוא חש את עצמו חסר ערך. הדיבור הארוך של האיש הזקן לא השאיר מקום לקריסטיאן להוסיף ממילותיו שלו. לא היה שום סיכוי להעיר הערה ולהיות יותר מאשר האיש הזקן. עוד עם ידית הדלת בידו קרא קריסטיאן דרך הדירה:

רבקה, האם את יכולה לזכור משהו מזה? האם הבנת את זה?"

במהירות היא סטתה מהשאלה באמירת "לא". קריסטיאן ניסה פעם נוספת, נעזר בידיעותיו המדעיות והרפואיות, לערער את אמונתה במה

שנאמר לה, אבל מחשבותיה המשיכו לעקוב ללא קול על חוכמת הנאמר עד שנרדמה.

בשש בבוקר קמה רבקה, כדי להיות ליד עמוס בזמן. מלווה בשאלות, מי היה בקרבתו של עמוס ואת מי הוא ראה, היא הגיעה למיטתו עם קריסטיאן לצידה. הימים עברו להם כמו בשינה ללא חלומות.

חוט השני

ביום רביעי הבא הפך להרגל שקריסטיאן התיישב לצד מיכה במושב הקדמי. מה שלא היה רגיל, היה שרבקה דברה במשך הנסיעה. היא סיפרה למיכה על יעקב וחכמתו. קריסטיאן לא היה מודע אודות הפרטים שרבקה סיפרה. היא סיפרה פשוט למיכה הכל אודות הידע של יעקב. מיכה הקשיב לה. הוא לא הפסיק אותה, לא אמר כלום. הוא הביט מדי פעם דרך המראה האחורית להראות לה, שהוא מקשיב לה. מבטו של מיכה אמר לקריסטיאן למעשה, שהוא נראה מאוד מתעניין במה שרבקה סיפרה לו.

ליד מיטתו של עמוס מצאו כולם את המיקום הרגיל. הכל נעשה לפי תכנית, כאילו להתנהגות של כל אחד היה ערך ריטואלי. אבל ביום רביעי זה, נשבר הרגל הדממה על ידי מיכה. קריסטיאן לא הבין מה שקרה. הוא שם לב שמיכה דיבר עם רבקה, אבל לא הבין דבר. הבעת הרגשות והמחשבות באמצעות תנועות פניו של מיכה השקוע במחשבות הצביעה על כך, שהוא מסר לרבקה אינפורמציה חשובה.

מאוחר יותר תרגמה רבקה עבור קריסטיאן במשפטים קצרים את השיחה שנמשכה לפחות חמש דקות. הוא שמע, שמיכה חשב על האידאולוגיה של יעקב. את מיכה לא עזבה השאלה, מי היה יכול להיות בקרבתו של עמוס. חקירות המשטרה התנהלו סביב אודות מפגשים באותו יום, בו הוא היה בטיול בית הספר

ובמצדה. זה לא נראה לאף אחד הגיוני שלעמוס הייתה היכרות מוקדמת עם הפוגע. החקירות התעלמו מהזמן "לפני" הפגיעה. אף אחד לא חקר אלו אנשים עמוס הכיר מקודם. כולם עסוקים בשאלה מדוע? ופחות עם השאלה מי זה היה יכול להיות? כל החוקרים יצאו מכך, שזה חייב להיות מישהו זר. ההסברים האלו הביאו את קריסטיאן למצב של קפיאה. ליבו דפק מהר. נשימתו נעצרה. ההיגיון עזב אותו. חוסר היכולת לחשוב הביא אותו למצב של פניקה, שנראה לעין על ידי הזעה פתאומית.

"קריסטיאן, אינך חש בטוב?"

"כן, החום גומר אותי וגם מצבו של עמוס"

במבט מלא רחמים נתנה רבקה לקריסטיאן את העצה לעזוב את האולם.

"אולי תפגוש במסדרון חבר למקצוע אתו תוכל להחליף ידע מקצועי."

הוא עזב את האולם, כדי לחזור לעצמו ולסדר את מחשבותיו. הוא לא עשה זאת בשמחה. הוא העדיף להתבונן בשיחת השנים. בטחונו היה בסכנה. איש זקן הצליח להכניס את חוט השני לתוך העניין. זה לא היה ממוקד אבל היה קיים. נראה שמיכה נראה מצא משהו.

הודאה פתוחה

"בוקר טוב, רבקה. ישנת טוב?"

קריסטיאן עשה לו הרגל לקום לפני רבקה ולהגיש את ארוחת הבוקר. ליד שלחן ארוחת הבוקר הוא הנהיג שיחה טיפולית. כבר לאחר מספר ימים נהיה לרבקה מובן מאליו לדווח לו אודות חלומותיה. אחרי לילה ללא חלומות היא תיארה את רגשותיה. אחרי המילים המעטות שרבקה הוציאה מפיה בשעות הבוקר המוקדמות, הוא נתן לה את ההוראות, אשר קבעו לה את הכיוון שהיא צריכה לחשוב עליו. לכך היה שייך המשפט האחרון:

"רבקה, כאשר את מרגישה חלשה, עד כדי כך שאת יכולה לבכות, אז את יודעת שאת צריכה לחשוב רק עלי. תחשבי על כך, שאני כאן בשבילך ואת אינך צריכה לעשות לעצמך דאגות!"

בייאושה היא עשתה ממש זאת. לעתים קרובות היא תפסה את עצמה, שמחשבותיה מכוונות לקריסטיאן, כאשר העתיד עמד לפני עיניה.

צלצול הטלפון הנייד קטע את הריטואל של הבוקר. קריסטיאן נבהל. הוא תפס בכיס מעילו, שהיה תלוי בצורה מסודרת על משענת הכיסא. בלחיצה אחת הוא הפסיק את הצלצול המעצבן.

"שפיגלר! כן, אינגבורג, מה קרה שהוא כל כך חשוב?"

קריסטיאן פנה תוך כדי השיחה לרבקה וסובב משועמם את עיניו.

הוא נתן לה להבין, שהוא חש שהפריעו לו.

"כן, אינגבורג, טוב, שדווחת לי. אני אחזור אלייך!"

אנחה עמוקה, קמט במצח ועיניים פתוחות לרווחה נתנו לרבקה להבין שמשהו קרה בגרמניה. מאז שהוא נעדר משם היה זה הצלצול הראשון. מופתעת היא הביטה בו.

"לא ידעתי בכלל, שיש לך טלפון נייד אתך?"

רבקה הופתעה בעצמה על שאלתה. היא התפלאה, שהיא לא שאלה קודם, מה קרה שם. במבוכה קלה היא יירתה את השאלה ההגיונית מפיה, עוד לפני שקריסטיאן יכול היה להפנים את השאלה הראשונה.

"מה יש, קריסטיאן? קרה משהו?"

"לא רציני, אינגבורג פקידת הקבלה שלי היא קצת עצבנית. ארגון הרופאים של קופות החולים, שמוציאים לנו כל הזמן תקנות חדשות, יצרו קשר עם הקליניקה שלי ולוחצים עלי. אני אמור לקחת רופא מחליף מיד לקליניקה שלי, על מנת שהפציינטים שלי יקבלו טיפול. המרפאות של חברי הרופאים הנן מלאות ואינן יכולות יותר לייצג אותי. זה שאני כאן אינו מדווח כחופשה, אלא כמחלה. לא דיווחתי כמובן לארגון הרופאים. לכך דאגו כבר חברי הרופאים

הנחמדים. למעשה אף אחד לא ידע שאני כאן. אינגבורג הייתה אמורה לשים פתק על דלת המרפאה, שעליו כתוב שאני חולה."

"חבריך הרופאים הלשינו עליך?"

"כן, ככה זה. הכי גרוע זה, שאני חייב לחזור למספר ימים. את יודעת, שהייתי מעדיף להישאר אתך?"

"כן, קריסטיאן!" רבקה נראתה מבולבלת. "למען האמת, אני איני יכולה להבין, מה קרה כאן? האם הזנחת את המרפאה שלך, כדי להיות אצל עמוס?"

זאת נראתה לקריסטיאן כהזדמנות טובה, לפתוח בפניה את רגשותיו האמתיים. בקול רך הוא אמר בשקט, שהסיבה עבורה בא לישראל היא רק בגללה.

"קריסטיאן, זה לא יכול להיות. אני חשבתי שאתה כאן בגלל עמוס? בכל אופן אני חשבתי שאתה דואג לבריאותו בתור רופא. שכל מה שקרה היה קרוב ללבך. מעולם לא חשבתי, שאני היא הסיבה לכך. לא במצב כזה בו אני יותר מתה מאשר חיה. איך אתה יכול לחשוב כך, קריסטיאן?"

"רבקה יקרה שלי, את הנך כה תמימה, או? האם לא יכולת לחשוב שאני כאן בגללך ולא בגלל עמוס?"

רבקה תפסה בייאוש את מצחה. חסרת אונים היא ניסתה לסדר את מחשבותיה. זעם עלה בקרבה. היא ניסתה דרך הימלטות מהמצב. היא החלה לבכות.

"רבקה תפסיקי ליילל! את זה שנינו לא צריכים. הניחי לנו לדבר על כך בשקט. הטוב ביותר בעוד שעה. עד אז שנינו נרגע!" הוא עזב את הדירה.

רבקה אספה את עצמה. עם המחשבות הראשונות הברורות היא התקשרה למיכה. כאשר הוא ענה לטלפון היא דברה אליו ללא הפסקה.

"מיכה, קריסטיאן אמר לי כרגע, שהוא נמצא כאן בגללי! ולא בגלל עמוס. לי אין עבורו שום רגש. אני חשבתי , שהוא רוצה לעזור לי. אבל הוא כאן רק בגללי! הוא אפילו שיקר בגללי וסגר את מרפאתו. זה פשוט לא יכול להיות!"

היא המשיכה עוד: "פתאום הוא היה כאן. דיבר כאילו הוא היה ספר הזיכרונות הפרטי שלי מהילדות. למרות שעד היום איני יכולה להיזכר בו. כמו שהוא הגיע הלכו להם עמוס ודוד!"

בבכי היא הוסיפה לכך, שהיא אולי מבולבלת ולא מרוצה. "מיכה, האם עלי להתנצל בפניו? כי הוא לא עשה שום רע!"

מיכה הפסיק את רבקה: "רבקה, האינסטינקט שלי אומר לי, שאת צריכה להיזהר! אבל לא לפחד, רק זהירה. שמעי להרגשת הבטן שלך!

את נמצאת מזה זמן רב תחת שוק כבד. זה לעצמו לא אומר, שאת לא מסוגלת להעריך נכונה את הנעשה מסביבך ואת האמת. עכשיו תרגעי! תני לרגשות לעבוד ותחזיקי את הבנתך צלולה. האם הבנת אותי, רבקה?"

"כן, מיכה, אני הבנתי אותך! תודה! מחר אני מקווה להיות רגע אחד בלעדיו, כדי שאוכל לספר לך על הכל."

עם טיפות זיעה על מצחו עמד קריסטיאן אחרי שעה וחצי לפניה. הוא נראה תחת לחץ והתאמץ מאוד לשוות לקולו צליל של רכות.

"בבקשה, רבקה בואי נלך לחוף הים, שם נוכל לדבר על הכל!"

היא הסכימה, נעלה את נעליה והלכה אתו את הדרך בת חמש עשרה הדקות לים.

בשתיקה הם הלכו אחד לצד השני דרך החול. שניהם נרגעו מעט. כך קיווה לו קריסטיאן. עבורו הייתה כל שניה ללא מריבה סימן להשלמה. כל מילה יכולה להיות הכרזת מלחמה, שתביא עמה ברד של יריות. כך נשאר הוא שותק וחיכה ליריייה הראשונה. כך היה לו מספיק זמן לתכנן את הגנתו. מילותיה הראשונות יהיו הנשק שלו. ללכת אתו על החוף, שיראה לו בבירור, שהיא בוטחת ומצייתת. אז יהיה סוף סוף שם. אחרי חצי שעה היא שברה את השתיקה.

"מתי אתה חוזר לגרמניה?"

קריסטיאן חשב על כל דבר, אבל השאלה הזאת הפתיעה אותו הוא חשב, "או שהיא רוצה להיפטר ממני או שהיא תתגעגע אלי." הוא התמהמה עם תשובתו. הוא החליט לענות בשאלה, על מנת לברר, לאיזה תשובה היא יכולה לצפות.

"האם תסתדרי כאשר אני אהיה רחוק?"

השאלה הזאת הייתה אמורה לעורר רגשות אשמה אצל רבקה. בכל זאת הוא היה מזה חודשים חבר טוב ומקשיב. אבל עם תשובתה עזבה אותו הרגשת הביטחון, שעד כה ליוותה אותו.

"המצב מאפשר לי לחשוב רק על עמוס! האם אתה יכול להבין זאת?"

הוא הנהן.

"קריסטיאן, אני עדיין לא הבנתי, מה באמת קרה. אנשים רבים סיפרו לי משהו. בכל זאת האמת היא שאינני יודעת מהי באמת חוסר הכרה?"

מה שהיא אמרה הוא החשיב כחולשה. הרגשתו כחזק וכמחזיק בכוח אבסולוטי התגבר בו, הוא האמין שהוא יודע יותר מאשר העומד ממולו, כאילו הוא לקח מרבקה את נשקה. הוא חש עצמו כמנצח. נצחון זה נתן לו מקום להרגשת אומץ מעל ומעבר. עם חיוך מלוכלך הוא זרק פצצה, שאת תוצאותיה הוא לא שיער בשל גאוותו.

"מה, אינך יודעת מה מובנה של חוסר הכרה? זה
קיצור של "תסתדר ללא אמא!"

רבקה התפוצצה. היא אמרה את המילה
שמאז נערותה לא השתמשה בה יותר.

"מה אתה אומר? מאונך שכמוך! אתה בסך הכל
רק איזה גולם. מפלצת ללא נשמה, שאין לו
אפילו קשר לבתו שלו. אפילו את יום הולדתה
שכחת. כאשר ספרת לי לפני מספר שבועות,
האמנתי לך עדיין, שאתה סובל כל כך מהאבדה
של אשתך, עד שאתה מדחיק את הכל. היום אני
יודעת, שאתה לא רצית לדבר אודות אשתך, כי
אתה כבר שכחת אותה ולא כדי לחסוך זאת
ממני. אתה חסר נשמה!"

רבקה הסתובבה ורצה משם. מרחוק היא צעקה
לו שהוא ימצא את מזוודתו לפני דלת ביתה.

ביום הבא היא מצאה את המקום הריק, במקום
שהמזוודה עמדה לה היה פתק עליו נכתב:
"רבקה היקרה, הבדיחה האינטליגנטית אודות
חוסר הכרה הייתה אמורה להבהיר לך שאני
זקוק לך יותר מאשר עמוס. נראה שאת אינך
יכולה להבין את זה. שלך, קריסטיאן."

רבקה זרקה את הפתק לתוך תיק היד שלה
בליווי המילה: "מאונך!"

כפור גרמני

עוד באותו ערב בו הגיע חזרה לביתו נסע קריסטיאן למרפאתו, כדי לבדוק מה קורה. הוא קרע בזעם את הפתק הזמני, שעליו נכתב, שהוא חלה, לפני השלט שלו שעליו נחרט "דוקטור." הדואר נערם על שלחן הכתיבה שלו. הוא התחיל לעבוד. קריאת "הלו" הפסיקה אותו מעיסוקיו. אינגבורג עמדה בדלת חדרו.

"בוס, אתה כאן! אני חשבתי שזה גנב שנכנס לפה!"

עם יד אחת על חזה והיד השנייה על ידית הדלת היא נשארה לעמוד שם בפחד.

"אינגבורג, סגרי בבקשה את הדלת והשאירי את המחשבות לאנשים אינטליגנטים!"

היא נעלה את הדלת בשקט . היא היתה בשוק, מה קרה אתו? כמו שהוא התנהג עכשיו, היא לא הכירה אותו בכלל.

היום, שהחל בפחד ובשוק, אמור היה להסתיים עבור אינגבורג עם חדשה מאכזבת. קריסטיאן ליווה גם את הפציינט האחרון לקבלה. אבל לא הלך לחדרו בחזרה.

"היום צפיתי בך במשך כל היום ואני מוכרח לציין, שרמת עבודתך אינה מתאימה למרפאה מודרנית.
את לא הצלחת אפילו לחלץ את ארגון הרופאים

מצוואריי! אני נותן לך שלושה שבועות, כדי שתשפרי את תפקודך!"

הוא לא היה חייב להסביר את המשפט הזה. אינגבורג ידעה, למה הוא התכוון. אחרי כל השנים האלו איימו עליה הפיטורין. למרות שהיא לא יכלה להבין, מה היא עשתה לא נכון, היא חיפשה את האשמה בה עצמה. במשך השנים היא התאימה את עצמה. היא הייתה תמיד המראה בראי שלו. איך שהוא תמיד רצה.אבל כעת הכל השתנה. לפני אינגבורג עמד אדם זר. אפילו הזמנתה של הפיצה הקבועה, שהוזמנה כל יום רביעי, הופסקה. כמעט כל יום הוא בא עם רעיון חדש. מה שהיה חדר ההמתנה השקט, קיבל רדיו, שאמור היה לנגן כל היום, אפילו כאשר זה הפריע לפציינטים. שבועיים אחרי השיחה שמה אינגבורג לב שמכנסיו נהיו יותר ויותר רחבות. הוא רזה בצורה מסיבית. כמה מהפציינטים הוותיקים אפילו העירו לו על כך.

"אתה רזית מאוד! לפחות חמש עד שמונה קילו, לא, אדוני הרופא?"

קריסטיאן התעלם מהשאלות האלו עם חיוך מאולץ. אינגבורג נהייתה יותר ויותר חסרת ביטחון. הוא התנהג אתה בקרירות. היא הרגישה שהוא מאשים אותה במצב. אבל למה? אינגבורג הייתה חסרת עצה ופחדה הלך והתעצם. עצביה נגמרו. ברגע שקט היא אספה את כל האומץ שלה ואמרה לו.

"בוס, אמור לי בבקשה סוף סוף מה עשיתי לא נכון? כמו שאתה יודע אני שמחה להיות אצלך. עד כה עשיתי תמיד את הדבר הנכון! לא?"

קריסטיאן היה מופתע, שאינגבורג ממש העזה לדבר אליו. הוא מכיר אותה מזה שנים רבות ולא היה יכול לצפות זאת מראש. בכל מקרה זה קרה בגלל מצבה הקשה, שהביא אותה להגיב אחרת. עם חיוך הוא נתן לה את תשובתו:

אינגבורג, זה לא מספיק לך, האם אני אומר, שהאשמה היא בכפור הגרמני?"

אינגבורג בלעה. חסרת הבנה היא הוציאה מפיה רק "כן" מבין שפתיה. מעולם הוא לא היה מתוודה לפניה, שהוא מאשים אותה, בכך שהוא נאלץ לעזוב את ישראל. אבל הוא דן אותה בתור אשמה לחזרתו לגרמניה הקרה לבדו ללא רבקה.

בבוקר אחד הוא בא לבוש בחליפה, פעם אחרת הוא בא לבוש באפודה צהובה וביום שלאחריו הוא לבש חולצת כותנה מקומטת מעל מכנסיו. עיגולי עיניו השחורים גילו את סטייל חיי הלילה שלו. אינגבורג הוכרחה לקחת מנהג חברת ההובלה לעתים קרובות יותר קרטונים, שהכילו בקבוקי יין. בערבים הוא לקח אתו קרטון מלא ביין הביתה. לעתים מצאה אינגבורג בפח הניירות בקבוקי יין ריקים, שעמדו מתחת לשלחן הכתיבה שלו. פעם היא הייתה צריכה לשטוף שתי כוסות יין, בהן היו סימני נשיקה מאודם, שירד רק אחרי רחיצות רבות. הוא בילה תמיד יותר זמן במרפאה. נראה שלא היה לו יותר בית. אחרי

שלושה שבועות נכנסה למרפאה אשה צעירה עם עקבים גבוהים שלבשה חצאית מיני קצרה. האודם שלה היה דומה לאודם שאינגבורג רחצה מכוס היין. פקידת הקבלה הכירה את מראיה, אבל לא את שמה. היא הייתה שייכת מאז מספר ימים לקבוצת הפציינטים. עוד לפני שאינגבורג הספיקה לשאת את נאום קבלת הפציינט החדש, אמרה לה האישה הצעירה במילים הבאות:

"יום טוב, מחכים לי כבר!"

ברגע זה יצא קריסטיאן מחדר הטיפולים וקידם את האישה, עם הציפורניים המודבקות, הארוכות מאוד, בברכה, עוד ממרחק.

"שלום, אוצרי! בואי קודם כל למשרדי. אינגבורג תכיר אותך מאוחר יותר!"

חצי שעה מאוחר יותר הגיע פציינט לקבלה, על מנת להתלונן שזמן הטיפול שלו כבר עבר.

"אינגבורג, זוהי גברת קטיה ברויאר! היא אמנם אינה עוזרת רופא מקצועית, אבל היא תעזור לך בעבודתך. תראי את גברת ברויאר בתור הבוסית שלך! והשמידי את כרטיס החולה של גברת ברויאר. אני מקווה, שאת תעשי הכל בצורה מושלמת!"

קטיה ברויאר התיישבה ליד אינגבורג ולקחה את הטלפון הנייד שלה ביד. היא טלפנה, שיחקה במחשב והעבירה את זמנה לעיתים בין פציינטים

שהכירה בחדר ההמתנה. זמן ההמתנה של הפציינטים נהיה לא ברור. פציינטים רבים התלוננו, אבל קריסטיאן הגיב רק בקריצה. מספר פציינטים קבועים עזבו את המרפאה ללא שוב. רוגזם של הפציינטים הדהד עד לרופאי המשפחה. הרופאים הסיקו אמנם, שמשהו עם ד"ר שפיגלר לא היה כשורה, אבל אף אחד לא נקף אצבע. הם התביישו לפגוש פנים אל פנים את מחלתו, שכל רופא היה יכול להכירה מיד. זאת הייתה מחלה, שכל אחד ירא ממנה. כולם התעלמו ממנו. אפילו מגיפה לא הייתה יכולה להביא רופא, שיעזור לו. כי מחלה כשל קריסטיאן הייתה סופנית לכל אדם. הרופאים שתקו. כך יכלו להעלים שהרופא החולה הנו אחד מהם. הכבשה השחורה שמקומה לא היה בקבוצה. זה היה פתרון נקי של הבעיה לטובת הרופאים. לא נמצא אף אחד שיחשוב על הפציינטים, שעדיין ביקרו במרפאה של ד"ר שפיגלר.

תפילה כנגד טנגו

שישה שבועות עברו מאז קריסטיאן חזר לגרמניה הקפואה, שבינתיים כוסתה בשלג. בישראל חגגו את חג החנוכה. חג האורות, שאמור גם להביא נסים. בשמונה ערבים הדליקה רבקה נרות. בערב אחד היה מיכה עם משפחתו בביקור אצלה. בערב אחר היא הלכה למיכה. זה היה חג השמחה, שעמוס תמיד אהב. הוא קיבלה ביום השמיני מתנה. בשבילה נהייה נס אמתי. זה היה הערב אשר בו מיכה בא לבקר עם אחותו. משפחתו של מיכה הייתה גדולה, כל כך שבכל ערב הוא היה צריך לבקר בשני מקומות על מנת לבקר אצל כולם. לכן הוא הביא עמו את אחותו הצעירה לרבקה. אחרי שרבקה הדליקה את הנר השביעי, הכניס מיכה אור לתוך הדירה החשוכה.

"רבקה זה בכל זאת האור של האהבה. אני לא רוצה לקלקל לך את התיאבון, אבל האם שמעת עוד פעם מקריסטיאן? האם הוא התקשר לחנוכה אצלך?"

מיכה היה מעודכן בכל הקשור לחייה של רבקה. גם אודות האפיזודה האחרונה שעברה במפגש עם קריסטיאן.

"לא! זה באמת משונה, שהוא לא התקשר יותר. הרבה יותר משונה הוא שאני מרגישה בחסרונו של קריסטיאן. הוא התקשר קודם לכן יום יום, על מנת לדבר איתי!"

היא המשיכה לדבר: "אתה יודע מיכה, גם אם זה נשמע שאינני אסירת תודה, אבל אני אינני מתגעגעת אליו בכלל."

היא הוסיפה עוד: "כל פעם כאשר הוא היה כאן קרה משהו עם עמוס! הכי גרוע קרה וגם הכי טוב! אתה יכול להיזכר בכך עוד, איך אנחנו הרגשנו כאשר הקו האדום השתנה?"

"כן, רבקה, זו הייתה הצלחה!"

אחותו של מיכה הצטרפה לשיחה. העיתונאית הייתה מקשיבה מקצועית. "מדוע לעמוס קרה תמיד משהו כאשר הגרמני היה כאן? האם הוא היה כאן כאשר קרה מה שקרה עם עמוס?"

ביחד הם ענו שניהם היא בחיוב והוא בשלילה.

"אז מה היה באמת? כן או לא"?

מיכה התקבע במקומו מופתע והביט אל רבקה בשאלה.

"אמרי לי רבקה, האם קריסטיאן היה ביום ההוא כאן? אני יצאתי מכך כל הזמן שאז הוא כבר נסע?"

"לא, לפי מה שידוע לי הוא היה באותו יום בירושלים ורק למחרת הוא נסע חזרה לגרמניה!"

מיכה התמלא במחשבות. מבטו נראה כמו שהוא נפקד. מצחו המקומט עשה את רבקה סקרנית.

"מה אתה חושב, מיכה?"

"אני שואל את עצמי כרגע, האם הקו האדום במוניטור של עמוס אי פעם השתנה כך?"

"לא, מדוע אתה שואל?"

"מה את חושבת, רבקה, האם אז התחילה פעילות המוח?"

אחרי דקה של מחשבה הייתה רבקה מוכרחה לענות ב"לא."

מיכה שינה את הנושא ושאל הלאה: מה אמר עוד יעקב קרמר הזקן?"

"אך, מה אמר עוד יעקב הזקן? הוא אמר משהו המקשר בין שנים עשר שבטי ישראל וגזעי המוח!"

"לא, לא רבקה, הוא התכוון לעוד משהו! מה זה היה?"

רבקה חשבה הלאה. היא חשבה בקול בתוך החדר "שבטים, לראות, גזע מוח קצר, עצב הראייה!" היא מלמלה. אז באה צעקה גדולה "מיכה, זאת הייתה שאלה! אני צריכה לחשוב, מי היה יכול להיות בקרבת עמוס!"

מיכה נהיה עוד יותר שקט. עם קול רך הוא אמר לרבקה, "האם היא יודעת למה הגיבו זרמי המוח של עמוס?"

"אינני יודעת, מיכה! על זאת חשבתי לעתים קרובות. אבל אין לי תשובה לכך!"

מיכה הביט בעיני רבקה. הוא ריכז את מבטו. בסבר פנים עם רכות חמורה הוא שאל אותה, האם קריסטיאן דיבר בקול בחדרו של עמוס? על שאלה זו יכלה רבקה לענות בלא ספונטני. כי קריסטיאן לא דיבר עברית ובנוסף הוא לא רצה להפריע לריטואל שלה. החזרה על המשפט ללא הפסקה היה בשבילה ממש חשובה כמו בשביל עמוס. עוד לפני שקריסטיאן נכנס בפעם הראשונה לחדרו של עמוס, החליט קריסטיאן על החוקים האלה.

מיכה הפסיק את הדממה. "רבקה, זה היה הקול של קריסטיאן שהפעיל את זרמי המוח של עמוס! על זה הייתי צריך לחשוב כבר הרבה זמן. עובדה היא, שהוא דיבר רק פעם אחת בקרבת עמוס. זה נעלם בתוהו ובוהו שהרופאים יצרו. זה היה כל כך שולי, שאף אחד לא שם לב לכך."

הערב הביא עמו מחשבות רבות. עם הקביעה שאף אחד לא שמע את קריסטיאן הם נפרדו. אף אחד לא חשד בו. אף לא אחד!

בבוקר הבא צלצלה רבקה למיכה. "מיכה, האם זה היה הוא?"

"אני לא יודע. האינסטינקט שלי אומר שכן!"

רבקה לקחה נשימה עמוקה. "הרגשת הבטן שלי אומרת לי, שזה היה הוא! אני חשבתי על כך כל הלילה, ואני ממש משוכנעת בזאת."

"רבקה, אסור לך לאבד עכשיו את העשתונות. את צריכה ראש צלול! מחר נקרא ליד המיטה של עמוס את שמו של קריסטיאן. אז נחכה לראות את תגובתו." למחרת הפך החשד למבוסס. הקו האדום שינה את עצמו בצורה קיצונית. לעמוס היו אפילו אגלי זיעה על מצחו. רבקה עצרה את דמעותיה. היא שאלה את מיכה, כמה זמן הוא כבר יודע את האמת? מיכה שם את ידו על כתפה.

"אין שום ד.נ.א. שנאסף ממקום הפשע. יש לכך סיבה. זה אינו ידע, אלא רק חשד, שעכשיו הנו מבוסס. אבל ללא הוכחה איננו יכולים לתבוע את קריסטיאן."

אבל גם ללא הוכחה היו השנים בטוחים, שקריסטיאן היה הפושע.

"מיכה מה אנחנו יכולים לעשות?"

בתקווה מלאה ענה מיכה: להתפלל! רק להתפלל, שהוא עצמו יישפט. אין לנו כל הוכחה. אבל יש שופט, אשר הוא תמיד עושה צדק."

בזמן שמיכה ורבקה התפללו לבוא הצדק, קריסטיאן המשיך את חייו. סגנון חייו החדש שלו הביא עמו חברויות לא רציניות, מעט שינה, לילות ארוכים, אלכוהול וקורס לטנגו, שהוא ביקר בו פעמיים בשבוע. אחרי צהריים אחד נכנס פציינט אחד למרפאה. מרחוק הוא ראה את הדוקטור. הפציינט קרא מרחוק:

"שלום קריס, איך היה בטנגו? האם הצלחת לתפוס שם מישהי?"

אפילו עבור קטיה ברוויאר היה הסצנה מביישת. קריסטיאן לא התבייש בכלל. הוא הרגיש טוב בסגנון חייו החדש בתור קריס רקדן הטנגו. מאוחר יותר נשמע מחדר העבודה שלו קולות רמים. היה זה ריב בינו לבין קטיה. מילים קשות חדרו מעבר לדלת הסגורה.

"אז אני הולכת!"

"אז לכי לך כבר! את יודעת שאני גיבור אצל הנשים! את הנך רק אחת מהרבה נקבות!"

בבוקר שלמחרת נמצא על שלחנה של אינגבורג מכתב ההתפטרות של קטיה. קריסטיאן, שרצה להיקרא על ידי חבריו החדשים רק עוד בכינוי קריס, הגיע רק בשעה עשר לא מגולח למרפאתו. קורס הטנגו נמשך חצי לילה, כך שלא נותר לו זמן להתרחץ. עיניו הסגירו, שהוא היה שיכור. בצחוק על שפתותיו הוא אמר לאינגבורג: "את צריכה גם פעם לרקוד טנגו. כך תשיגי אפילו גבר. זה תהיה האפשרות היחידה לשחרר את צווארי ממך."

זעקת הצללים

מאז חנוכה התפללה רבקה כל ערב, שקריסטיאן יהפך לאדם בריא. על מנת שגם הוא יתענה תחת "מחלת סרטן הנשמה", שכן אדם בריא חש בנשמתו, כאשר הוא עושה מעשה לא צודק. ידוע היה לה, שהיא לעולם לא תבקש רע לאדם אחר. כי היא תיענש על כך בעצמה. ככה היא נעזרה בכל האמצעים של אמונה שלמה, ללא בקשת נקם, כדי שהצדק עבור עמוס יגיע. מאחר וצדק שמתקבל על ידי נקמה מחייב עמידה במשפט, היא הייתה צריכה להיזהר. כך היא התפללה לצדק מקריסטיאן דרך הבנה אנושית בריאה ונפש נקיה.

החודשים עברו להם ללא חדשות מקריסטיאן או דוד. מספר ימים לפני ראש השנה קבלה רבקה גלויה עם תמונה ממיכה. אחרי שלוש שנים הוא העניק לעצמו חופשה בחגים, שהוא בילה אצל דודתו בארצות הברית. מיכה כתב לה עוד, שהוא רוצה להיות בגרמניה בראש השנה וצייר בנוסף פרצוף שמח. רבקה הבינה מיד, למה הוא התכוון. ראש השנה היה התחלת השנה החדשה. חג של ההתחלות, חג הסליחות וחשבון הנפש. מי היה רוצה עוד להיכנס לשנה החדשה עם מצפון רע? הרי בחגים האלה רוצים להיכתב בספר החיים. רבקה נזכרה בכך, שיעקב קרמר אמר לה פעם לראש השנה, שהיא צריכה לבקש סליחה מכל האנשים אתם יש לה מריבה, אם באשמתה או בלעדיה. זה לא משחק שום תפקיד, איזה אשמה יש לאדם, גם כאשר הוא בעצמו היה

הנפגע? כדי שהקרבן לא יהפך לפוגע. עדיף להשתחרר מתפקיד הקרבן ולהעביר את התפקיד לפוגע. איזה אדם פיקח הוא יעקב, היא חשבה.

רבקה רצתה להשתחרר מתפקיד הקרבן שלה עצמה. אבל זה חייב להיות במחשבה תחילה. היא חשבה עוד פעם על כך, מה שיעקב אמר לה פעם: הדרך הקצרה ביותר היא גם המהירה ביותר. המשפט הזה אמור היה לפתח דיאלוג פנימי אצלה. או שהוא התכוון, שהדרך הקצרה הנה הדרך הפשוטה יותר? לגרמניה היא לא יכלה לטוס בגלל מצבה הכספי ובגלל עמוס. עוד ימים רבים היא חשבה על כך. רעיונות באו לראשה. אבל לא את האומץ להגשים אותם. לספיקותיה
התלוו פחדים.

רבקה אספה את כל אומץ ליבה וחיפשה את מספר הטלפון של קריסטיאן, אותו היא מחקה מספר הטלפונים בערב שבו זרקה אותו מביתה. היא חיפשה וספיקותיה גברו. אז היא החליטה לחפש עוד תחת הרגשת החובה שזה רצון הבורא, שהיא תמצא את מספר הטלפון שלו. במקרה ולא, זה יהיה עבורה הסימן לכך, שזה אינו הדבר הנכון לעשותו, להתקשר אליו. היא באמת מצאה את המספר. היא הניחה אותו לצד הטלפון. זה היה כבר מאוחר מדי להתקשר לגרמניה, שם לא היה מקובל להתקשר לאחר השעה עשרים ושתיים. בנוסף היא היתה משוכנעת, שקריסטיאן שתמיד הלך לישון

מוקדם ועדיין חי את חייו לפי השעון, ישן כבר במיטתו. היא הרי הכירה אותו כקריסטיאן ולא כקריס.

רבקה שכבה ערה במיטתו של עמוס ולמדה את מה שרצתה לומר לו בעל פה. היא חיכתה עד למחרת בשעות הערב המוקדמות. זה היה הזמן שהוא תמיד התקשר אליה. היא חייגה את מספרו. הוא לא ענה לטלפון. בערב הזה היא חייגה עוד פעמיים ללא הצלחה.

בבוקר בשעה שש הופתעה רבקה מצלצול הטלפון. זה היה קריסטיאן, ששאל בקול צרוד, מה היא רוצה? הוא ראה את מספר הטלפון שלה על המצג של הטלפון שלו.

"קריסטיאן, מדוע לא ענית לטלפון?"

"כי לא הייתי בבית. כאן בגרמניה התרבותית יש לנו טלפונים מודרניים, אשר שומרים את מספרי הטלפון אליהם מחייגים! מה את רוצה, רבקה? יש לך מה להגיד לי?"

"כן, קריסטיאן!"

היא נשמה עמוקות, כדי להרוויח עוד שבר של שניה. היא רצתה לאסוף את עצמה. הכל נעלם. ראשה היה ריק.

"קריסטיאן, אני יודעת כמה אתה אוהב את החגים היהודים! לכן חשבתי להתקשר אליך לראש השנה, כדי לחלק אתך את המנהג הזה. לכן אני מבקשת, שתקשיב לי בריכוז מלא.

קריסטיאן, אני מבקשת ממך סליחה על הכל,
מה שאני בידיעה או שלא בידיעה עשיתי לך.
האם אתה מקבל את בקשת הסליחה?"

הוא כחכח בגרונו. לרבקה היה ברור, שהוא אינו
יכול להבין את זה. הוא נראה מופתע. במבוכה
קלה הוא עשה עצמו, כאילו יש לו את מלוא
ההבנה לכך.

"כן, ברור רבקה! כן, אני מקבל את בקשת
הסליחה שלך!"

"תודה, קריסטיאן! אני מאחלת לך כל טוב!"

רבקה לא חיכתה לשום תגובה. היא הצליחה
להשיג את מה שרצתה. באם הוא היה מבקש
ממנה לסלוח לו, היא לא הייתה שמחה על כך.
היא ניצחה. מה שהוא חשב, לא עניין אותה. היא
קיוותה, שהוא יקבל על עצמו למעשה את תפקיד
הקרבן.

קריסטיאן נשאר עומד עוד מספר דקות ליד
הטלפון. אז הוא חייג מספר טלפון של אחד
הפציינטים, שהוא ראה בתור חבר מאז שפגש
אותו בקורס לטנגו. דרכו הוא הפך לקריס רקדן
הטנגו. לכן חלק קריסטיאן אתו את יינו.

"פטר, זה אני קריס. יש לך חשק לשתות איתי יין?
היום יש לנו סיבה לחגוג. לפני רגע התקשרה
אלי איזו נקבה מישראל, כדי לבקש את סליחתי.
אתה רואה, עד לאיזו רמה יכולות הנשים להגיע!"

הגברים נפגשו בבר אחד. קריסטיאן סיפר אודות נסיעתו לישראל ובעיקר על ידיעותיו ביהדות. שהוא הכיר יהודים עוד בצעירותו ואז לא העז להתקרב אליהם. אחרי מספר כוסות יין אמר לו פטר, מה עשתה לך הישראלית הזאת? בשכרותו הקלה התגאה קריסטיאן:

"פטר, זאת הבדיחה בכל העניין. היא לא עשתה לי כלום. אני שברתי את ליבה. ואז השמדתי לה את כל השאר."

"קריס, מופרע שכמוך, איך עשית את זה? אני יודע שקשה מאוד להתקרב ליהודיה."

"פשוט מאוד, פטר! אתה רק צריך לזכור, שאתה צריך להתקרב לילד, אם אתה לא יכול להתקרב לאשה. כך אתה עושה אותה ליותר ויותר קטנה!"

פטר התחיל לחשוב. קריסטיאן הוסיף בגאווה לכך, שלא היה מגיע לה משהו אחר, אחרי הדבר הנורא שהיא עשתה.

"היא לא התנצלה אצלי ללא סיבה! אתה אינך יכול להמחיש לעצמך, למה יכולה זנזונת כזאת להגיע."

קריסטיאן הרגיש, שהמצב השתנה. פחד נפל עליו. לאט לאט טיפסה אצלו הרגשה בתוכו למעלה, שהוא מאז ילדותו לא הרגיש יותר. הוא רצה להחביא משהו. אבל הוא לא ידע מה. הוא העביר את הנושא לכיוון אחר. לאחר זמן קצר פטר עזב. הוא רצה ללכת לישון, כי למחרת הוא

אמור היה להיפגש עם בנו. קריסטיאן הרגיש מאוכזב. הוא לא האמין לסיבה שהעלה פטר. למרות זאת הוא עשה עצמו כמבין את העזיבה המוקדמת.

"קריס, אני אבוא ביום שלישי אליך למרפאה. אתה יודע, שאני זקוק לאישור שלי!"

עם המילים האלו עזב פטר.

בדרך הביתה קריסטיאן היה מוכרח להקיא. למרות שגופו התרגל בחודשים האחרונים לאלכוהול, הוא הרגיש צורך לרוקן את קיבתו. בעשותו כך הוא לכלך את מכנסיו. המראה של הקיא הלבן הביאו להקיא שנית. הוא הצליח להגיע רק עד לסלון ונרדם על הספה.

קרני השמש הראשונות העירו אותו. הוא נבהל. בתנועה אחת הוא התיישב על הספה. הוא הניח את פניו המיוזעות בידיו הרועדות. הפחד שיתק את מחשבותיו. שברי מילים מצאו את דרכם לחייו. "פטר יודע משהו!" הפציינט שלי.

פטר הביא עמו למרפאה את חברו אכים. אחריו הגיעה גם אשתו סבינה. כולם רצו לצאת לפנסיה מוקדמת. לכך היו צריכים אישור של פסיכיאטר, שיאשר שאינם מסוגלים לעבוד. מאחר ומדובר היה בפציינטים שהם חברים, זה נחשב היה עבור קריסטיאן כתשורה לחברים ולא כמעשה לא חוקי. הוא לא לקח מחבריו תמורה כספית. מעולם לא היו לו כל כך הרבה חברים כמו עכשיו. הם אכלו ושתו אתו. לפעמים הוא לן

אצל חברותיו-החולות שלו. שמחה נגרמה לו גם, כי הוא לא כונה יותר בשם קריסטיאן אלא קריס. שאותו כולם חיבבו, כי היו צריכים אותו. מאז שהתחיל השינוי הוא לא ראה כל מעצור לפניו. לא אתיקה או קוד מוסרי מסוים יכול היה להציע מעצור לדחף שלו.

באותו בוקר הוא נעמד. בודד הוא ראה גוש מאיים בא לעומתו. שנים רבות הוא יכול היה להעלים את מעשיו. אז אמר לו אביו תמיד הלוך וחזור, שהוא צריך להחזיק הכל לעצמו. כל עוד הוא לא יאמר דבר, אף אחד לא יוכל לחשוד בו. אף אחד לא היה אמור אף פעם לדעת, שאביו אמר לו גם שהוא עצמו אשם בכל. אחרי הכל הרי קריסטיאן עשה לו עצמו פרובוקציה. פעם הוא אפילו קרא לזה "פלירטוט". קריסטיאן הפך מאז הפעם הראשונה כבר לפוגע. הוא הרגיש עצמו אשם. באותו זמן עלו בו הרחמים העצמיים. הוא חשב, איך זה הגיע לכך שהתגלה. מאורעות הערב ההוא נותחו על ידו. במילה אחת הכל היה ברור: רבקה! היא בקשה סליחה. בקשת סליחה זו הייתה השפלה נוספת. הוא ראה את עצמו בתור קרבן בטראומה, שהיה מוכרח להחניק את צערו באלכוהול ובחיים מסובכים. מחשבותיו הסתיימו עם ההבנה, שתפקידו כפוגע עשה אותו לקרבן. הצללים של עברו נראו כבר. לכל אחד. זהירות, צעדים מדודים וערנות נכנסו בבוקר זה לתוך חייו. הם הפכו להיות לו מלווה קבוע.

עונשו של הקרבן

אינגבורג נשארה עוד במרפאה. היא פעלה בצורה מושלמת. כל פעם היא הייתה צריכה לתפקד לפי מצב הרוח המשתנה במהירות שלו. היא הצליחה בכך. הוא סמך עליה, כי הוא ראה את אינגבורג לא כאדם, אלא בתור חלק מהמלאי של המרפאה. היא הייתה עבורו כל כך מובנת מאליה, כי היא עשתה תמיד, מה שהוא רצה, ללא להראות תגובה אנושית. היא אף פעם לא התנגדה לדבריו. היא הייתה בעיניו עוזרתו, שלה שילם באופן קבוע. בכל השנים אינגבורג הייתה רגילה, שבשלושים לכל חודש משכורתה הועברה לחשבונה. רק כאשר חשבונה נהיה בחובה, למעשה בחמישי לחודש, היא התקשרה ליועץ המס ברגע שקט, זה שתמיד היה מדייק להעביר את משכורתה. זה היה בשבילה מבייש לדבר אתו על כך. אבל חשבונה המצטמק לא השאיר לה כל ברירה יותר.

"אדון לאנארצט, כאן מדברת אינגבורג ממרפאת שפיגלר. בבקשה תסלח לי על שאלתי, אבל לי נראה, שמשכורתי עדיין לא הועברה."

התגובה לא נתנה לה לחכות זמן רב. בטון רועם הוא נתן לה תשובה, שמילא אותה בפחד ובבהלה.

"גם אני הייתי שמח לקבל כסף. קודם כל מהבוס שלך. אז יכולתי גם להעביר את משכורתך לחשבונך. אבל לא נשאר כלום פה. אני יכול להבין, אבל אני אינני השותף הנכון שלך לדבר.

תדרכי לבוס היקר שלך על כפות רגליו ותגידי לו שזו לא התנהגות ראויה לבזבז כסף על זבל שאמור להיזרק דרך החלון."

"לא, לא אדון לאנארצט!" אינגבורג הפסיקה אותו בפחד שהוא ידבר עם הבוס שלה ויספר לו על השיחה שלהם. "בבקשה, תבין אותי. אני אינני רוצה, שהבוס יגלה דבר אודות שיחתנו. אם הוא ידע על כך הוא יזרוק אותי החוצה. בזמן האחרון הוא נראה לי ממילא כמעט פרנואיד הוא יפטר אותי מיד, באם הוא ידע, שאני דברתי אתרמאחורי גבו!"

השיחה הסתיימה במהירות. אבל אינגבורג לא סמכה על יועץ המס. היא נהייתה עצבנית. היא קפאה במקומה כל פעם שמישהו התקשר לחדר הטיפולים, ולא עבר דרכה והועבר הלאה. חוסר האמונה שלה היה היה במקום. הטלפון הנייד שלו, שבזמן האחרון נשא בכיס מכנסיו צלצל ברגע שהוא עמד באזור הקבלה.

"כן, אדון לאנארצט, מה העניין?"

בזמן שקריסטיאן הקשיב לטלפון הוא ראה פתאום את אינגבורג. עם "כן" נוסף הוא סיים את השיחה. השעות הבאות עברו ללא הערות. כאשר אינגבורג לבשה את מעילה, נעמד קריסטיאן ולחש לה שהיא אמורה לחכות כאן, בחדר ההלבשה, הוא עזב בצעדים מהירים את המקום. אינגבורג ראתה אותו נכנס לחדר ההמתנה, ומשם פתח את דלת חדר שירותי החולים וזרק מבט לתוכו. כאשר הוא חזר אליה,

הוא הסתובב עוד פעם לאחור והביט לשם, כאילו הוא חיפש מישהו.

"אינגבורג, יועץ המס התקשר אלי היום. את אמורה לדעת, שאני השקעתי את כל כספי במטעי קוקוס באפריקה. אולי את נזכרת בחולה שלאחרונה היה כאן בטיפול בגלל שגעון. אני קובע בביטחון, שהוא אינו משוגע, אלא גאון! אתו אני תכננתי פרויקט חדש. כי כאן הכל יורד לטמיון. אנחנו חייבים להשקיע הכל בצורה בטוחה. עבור זה עשיתי גם מעט חובות. אבל תוך מספר חודשים הם ייעלמו. אני מספר לך זאת, כי זה חייב להישאר בתור סוד גמור. אף אחד גם לא יועץ המס שלנו יודע על כך. אסור לך לספר על כך לאף אחד. האם אני יכול לסמוך עלייך?"

אחרי הפסקת נשימה הוא דיבר הלאה לאינגבורג.

"מלבד זאת זה מאוד חשוב לי שאת תהיי מעודכנת בכל מה שהחולים מדברים בקשר אלי. תרשמי הכל, מה שאת שומעת, והניחי דו"ח כל ערב לפני. אינגבורג זה חשוב. הפרויקטים שלי הם מאוד סודיים. ואף אדם אינו יודע, מי מתעניין בכך. לכן תשגיחי על הכל, מה שקורה בתחום שלך "כן, בוס!" היא לא הצליחה להוציא משהו אחר דרך שפתיה. היא הלכה. מאוחר בערב התעוררה אינגבורג מצלצול הטלפון.

"אינגבורג, זה אני שוב. אל תאמרי את שמי. אני יודע שלא צלצלתי אלייך מעולם, וזאת יודעים גם

האחרים. כך אני יכול לצאת מכך שהטלפון שלך הנו "נקי".

את יכולה לענות לי בכנות. שמעת עלי בזמן האחרון משהו?"

אינגבורג לא ידעה מה לומר.

" למה אתה מתכוון, בוס?"

בקול רועם הוא הורה לה להתרכז. הוא אמר לה, שכל הערה, גם כאשר היא נראית תמימה, יכולה להיות חשובה. אינגבורג דיברה לאט:

"כן, היה משהו. לאחרונה ניצב חולה בקבלה ושאל אותי, האם אתה...!" אינגבורג עצרה.

"מה, אינגבורג מה הוא אמר, ומי זה היה?"

"הוא אמר, לא, למעשה הוא שאל, האם הדוקטור הנו שתיין, שאינו מבחין בין ימינו ושמאלו!"

נשימתה של אינגבורג נעצרה, אחרי שהיא אמרה זאת. היא הסתירה, שבזמן האחרון זה הגיע לאמירות כאלה. קריסטיאן סיים את השיחה באמירת "עשית טוב". יותר לא עניין אותו כעת.

הימים חלפו עם דיווחותיה של אינגבורג כל ערב, שסיפרו לעתים קרובות יותר אודות אכזבות החולים. אנשים זועמים, שעזבו את חדר ההמתנה לאחר שעות רבות של המתנה, כי הרופא חלה באופן פתאומי. חולים חסרי עזרה, שעמדו לפני

שערי המרפאה הנעולים, כי פעם נוספת נסגרו בגלל מחלה לא צפויה. לעתים קרובות יותר קבלה אינגבורג את ההוראה לבקש סליחה במרפאה. אחרי שבועות מספר זה נהייה להרגל לקבל כמעט כל בוקר שיחת טלפון לדירתה הקטנה עם המשפט הבא:

"היום תישאר המרפאה סגורה לרגל מחלה!"

בימים מסוימים נכנס קריסטיאן למרפאה לבוש בחולצה, שהוא לבש גם כבר ביום הקודם. מאז זמן מסוים הביאו תנועותיו היותר מרוגשות ליותר זיעה מיום ליום. תגובות חרדה שלו בגלל השקעותיו הלא רציניות, שבלעו יותר וייותר כסף.

לפעמים הוא שאל את אינגבורג פעמים רבות במשך היום, האם אדם, המכנה את עצמו "קונגו הגדול" התקשר. התשובה השלילית שחזרה על עצמה עשתה אותו עוד יותר עצבני. עיניו לא נחו לרגע. אפילו כאשר הוא הקשיב לחולה בכורסתו, הסגירו עיניו את חוסר השקט במצב חסר התקווה. הוא נראה כצופה על הכל. הוא עקב אפילו אחר מחשבותיו הלא מדוברות.

ערב אחד רבקה התקשרה אליו. בקול חברותי היא פתחה את השיחה בביטויים המקובלים. הוא הרגיש מחויב להגיד ששלומו טוב. הוא לא שאל, מדוע היא מתקשרת לאחר חודשים פעם נוספת, גם לא התלונן, שהיא חסרת התחשבות להתקשר אליו, אל הקרבן. שתי השאלות עברו לו דרך הראש. אבל מחשבותיו היו מפוזרות, כך שהוא ניסה בכל כוחו, להסתיר את זה. הוא הגיב

לשאלות וענה להן בקצרה. קריסטיאן ראה לעצמו בתור מובן מאליו לשאול בשלומו של עמוס. תשובתה של רבקה הקפיאה אותו.

"יפה, שאתה שואל בשלומו של עמוס. מצבו משתפר מיום ליום. הקו האדום מראה יותר ויותר פעילות של המוח, מלבד זה הוא עוקב אחרי בעיניו לעתים קרובות יותר. זה אומר, שהוא מכיר אותי. האם זה לא נהדר?"

קריסטיאן התחמק מהמצב.

"רבקה, למעשה אני לא מרגיש טוב היום. אולי נוכל לדבר בפעם אחרת?"

הוא רצה לסיים את השיחה. אבל מילותיה האחרונות של רבקה זרמו דרך השפופרת לתוך אזנו.

"חבל, שאינך מרגיש טוב. אתה צריך לדעת שמיכה ואני מתפללים, מאז שנסעת, לילה לילה עבורך. זאת היא כמו דרך מפלט עבורנו. איננו יכולים להפסיק את זה. כל ערב אנחנו מתפללים לבריאותך. כמובן רק עבור הדבר הכי חשוב. זה אומר, שהבנתך תישאר צלולה ולבך נקי."

זה הכניס אותו להלם. כי הוא שם לב מזה מספר ימים ללבו. הוא חווה יותר ויותר דקירות שעברו בתוך בית החזה שלו.

"כן, תודה רבקה. זה נחמד מצידכם!"

הוא שם את השפופרת חזרה במקומה, ללא ששמע את מילות הפרידה. הוא הלך למיטה ושכב עוד קצת ער. בזמן האחרון זה היה נדיר להירדם מהר. לרוב הטרידו אותו מחשבות, שהוא הצליח לסלק בעזרת אלכוהול. אבל בלילה הזה הוא הסתובב על צידו בידיעה שהוא לא יירדם הרבה שעות.

רבקה ומיכה מתפללים עלי עד למוות! מדוע אני צריך להיות הקרבן שלהם? הוא ליווה את השאלה הזאת ברחמים עצמיים, שמילאו את עיניו בדמעות. שק דמעותיו הקשה עליו. הריכוז הלך לו. באו השגיאות. הוא חש מעל לכל ספק, שהמסיכה שלבש, והסתירה את מעשיו מאז ילדותו, נשחקה כליל, תחת המהירות המטורפת של הזמן. התחפושת שלו הייתה ישנה. כמו לבו המזדקן, שדפק תמיד מהר יותר, על מנת לספק אנרגיה, שהוא נזקק כדי להטעין. עם כל דפיקת לב בחזהו הוא חש באמת את השניות החולפות של חייו, המחריפות את סבלו יותר ויותר.

שופט הצדק העליון

פסח בא והעולם היהודי עשה כדרכו, מה שעשה תמיד בחג. עבור רבקה היה הזמן מיוחד מאוד עוד מאז ילדותה. "היציאה מעבדות לחירות" הוציא אותה אז מגרמניה. למרות שהיה לה טוב אצל סבתה, היא לא חשה בנוח בעולם הזה. היא לא הייתה יכולה להבין את סבתה, מדוע היא חזרה אז לגרמניה. מאמציה להבין, הראו כבוד, אבל להבין היא לא הצליחה. פעמים רבות היא רצתה להידמות לחברותיה מהכיתה ולעשות משהו, שלמעשה הייתה אמורה להתבייש בו. היא שאפה להיות מקובלת. עמוק בתוכה היא רצתה להיות עצמה בלבד. גירושי ההורים נמשכו אז זמן רב. אבל הגיע פסח. אפילו עד לגרמניה. אבל למעשה רק אצל סבתה. סבתה לימדה אותה, שקודם כל צריך להילחם בעבדות בתוך הלב שלה עצמה. אז כל השאר יקרה מעצמו. קודם כל הלב צריך להיות חופשי, על מנת שהאנשים יהיו חופשיים. מילים אלו לקחה רבקה אתה לישראל, שם שיחררה מאז כל שנה את לבה מעבדות. פעמים רבות היה זה שיחרור זה קשור עם מטרה מסוימת. פעם אחת הייתה המטרה להיכנס להריון. היא ביקשה לעצמה בן. היא באמת קבלה בן, עשרה חודשים אחרי פסח.

היא הייתה צריכה לחשוב ארוכות מאיזה עבדות היא צריכה שחרור. האם זה אמור להיות הכאב, שמביא לה המבט על עמוס כל יום? את הכאב הזה היא לקחה על עצמה באהבה, כי הוא המחיש לה, שעמוס עודנו חי. בנוסף הצטרפו

לכך גם הורמונים של אושר. רגעים, בהם עמוס הראה תגובה. היא לא רצתה לסכן שכאב זה יסתיים, אם עיני עמוס יסגרו לתמיד. זה לא יהיה שחרור, כי כאב אחר יתפוס את מקומו. רק אם מצבו ישתפר והוא יחלים יבוא שיחרור אמיתי. תחילתו של שיחרור יקרה, כאשר הפוגע במקום שיעמוד בפני בית משפט ארצי, יצא אשם בפני בית המשפט העליון ביותר. לפי דעתה אף שופט בעולם אינו יכול להעניש עונש צודק. היא גם ידעה, שלא קיימת אף הוכחה ושופט ארצי יהיה חייב להוציאו זכאי מחוסר הוכחות. כך יוענק למפלצת הזאת למעשה רישיון להרוג במתנה.

בליל הסדר, בפתיחת החג, היא הביעה בקשה שהיא הגדירה כך: "אני אהיה חופשיה, כי השופט העליון ישפוט את קריסטיאן!"

באביב צמח זקנו של קריסטיאן לפרווה. כל אחד שלא ראה אותו בששת החודשים האחרונים, לא היה מכיר אותו שוב. הזאב בפרוות הכבש ניסה להתחבא מאחורי הצמר. בגדיו היו סתורים ומקומטים. שערו העבה כיסה חלק מפניו. הוא הלך רק לעתים נדירות להסתפר, כי שם מלבד שערות נפלו גם מילים, ואנשים יכלו שם לעשות רק דבר אחד: להקשיב. זה היה מקום, בו פרחו להם במשך היום שמועות שבערב סופרו בברים בתור אמת לאמיתה.

קריסטיאן לא יכל יותר לסמוך על מקומות כאלה. הוא לא מצא מנוחה בשום מקום. הקולות בראשו התחזקו בזמן השינה. ולא השתתקו לעולם. אפילו האלכוהול, שבהתחלה הצליח להשתיקם, חיזק אותם. כלפי חוץ התחבא הפוגע מאחורי מסיכה שהצליחה לגלות יותר מאשר להסתיר. בתוכו הוא נשבר בשל תפקידו כקרבן, ששבר את ליבו לרסיסים. עם כל נשימה חתכו הרחמים העצמיים עוד פצע עמוק יותר. חייו נהיו ריקים וחסרי מטרה, עד שנראה לו שגרוע יותר לחיות מאשר למות. עם כל נשימה, הוא התפלל לבואו של המוות המשחרר, שסוף סוף ישחרר אותו מהסבל. חייו היו מלאים בפחד מהגיהינום, שאביו איים בו עליו. הוא לא היה חי וגם לא היה מת. קריסטיאן הפך לצל של עצמו. פחדו, שיוכר בתור פוגע, גרם לדפיקות לב מהירות ששחררו פחדים נוספים. הוא חי כקרבן כל הזמן. לפעמים לבו פירפר, שיחרר בתוכו הרגשת חרדה, ששיתקה אותו למשך דקות. זה היה הרגע שהוא חשב שהוא הולך למות.

בבוקר יום רביעי הרביעי ביוני מצאה אינגבורג את קריסטיאן ללא הכרה ליד שולחן הכתיבה שלו במרפאה. הוא שכב בתוך השתן שלו. על שולחן הכתיבה עמד בקבוק יין אדום ריק. לידו מספר תרופות, שנחו שם כאילו זה מובן מאליו. אינגבורג לא נגעה בו. היא צלצלה מיד לרופא חירום. היא עקבה אחרי המתרחש ללא רגשות. מלאה בהרגשת סדר ומקצועיות. כמו שהוא תמיד ציפה ממנה.

עברו ששה שבועות ועוד יום אחד מאז שרבקה התקשרה. פסח עבר חלף לו והיא רצתה לעשות עוד צעד קדימה. היא החליטה לבדוק את תפילותיה כל ששה שבועות, בכך שהיא התקשרה אליו. היא ניסתה להשיג את קריסטיאן שלושה ערבים ללא הצלחה. הוא לא הרים את השפופרת. ביום שני התשיעי ביוני התקשרה רבקה למרפאה. אף אחד לא הרים את השפופרת. ההקלטה הודיעה לחולים אודות זמני הקבלה במרפאה ושירותי החירום מעבר לשעות הקבלה. רבקה הסיקה. שמשהו קרה שם. סקרנותה הכריחה אותה לעזוב את מיטתו של עמוס על מנת להשיג את קריסטיאן. שעות היא חייגה את מספר הטלפון הפרטי שלו וגם זה של המרפאה. אמנם היא לא יכלה למֵן את השיחות האלה, אבל זה היה לה חשוב. רק למחרת אחרי הצהריים שמעה רבקה קול בצד השני של הקו. במספרו הפרטי לא הייתה מערכת הקלטה, כך שרבקה נבהלה ברגע הראשון, כאשר שמעה קול רפה אומר: "כאן אצל שפיגלר."

רבקה חיכתה רגע אחד. דרך "הלו" אחד היא חשה צורך לענות.

"כן, הלו, האם קריסטיאן נמצא?"

קול חברותי של אישה צלצל חזרה: "לא, אני מצטערת, אבל אדון הרופא שפיגלר מאושפז בבית החולים. האם אני יכולה למסור לו הודעה? מי מדבר שם, בבקשה?"

רבקה עשתה עצמה מופתעת. היא רצתה לזעוק חזק בקול "ניצחון". אבל היא הייתה צריכה לחכות עוד מעט. במקום זאת היא קראה בנפחדת "מה?" לתוך השפופרת.

"שמעי, אני רבקה מישראל. קריסטיאן מכיר אותי כבר מתקופת צעירותו. ספרי לי בבקשה, מה קרה."

אינגבורג היססה לרגע.

"את עבודתי כבר הפסדתי. למה שלא אספר לך את הכל. דוקטור שפיגלר עבר התקפת לב. כנראה גם ניסיון להתאבד. אבל זאת לא יכלו הרופאים להוכיח. מה שבאמת קרה, שהתנהגותו הייתה כל כך מטורפת שהוא אושפז אחרי יומיים בחדר בית החולים בהשגחה הוא הועבר מיד למחלקה הפסיכיאטרית. הוא מלא בכדורי הרגעה המאפשרים לו רק עוד לחיות. לדבר אינו יכול יותר. כך אינו יכול יותר לצעוק עלי. זה מה שהוא עשה במשך שנים. אני הייתי העוזרת הרפואית שלו. ידו הימנית. המדרכה לרגליו. עכשיו אני המטפלת שלו. כי הוא אפילו ניתק את הקשר עם בתו!"

רבקה הפסיקה אותה. "את צריכה להיות אינגבורג. מה את עושה בדירה שלו?"

"לפנות הכל!" למעשה לא נשאר לו כלום יותר. רק עוד בגדיו המסריחים. כל השאר יימכר."

רבקה יכלה לחוש את זעמה של אינגבורג.

"אפילו אם הוא ייצא ממחלקת הפסיכיאטריה, הוא לא יוכל להתנהג אלי בעליונות. כי הוא יסיים את דרכו בביבים. כמו שאני מצאתי אותו, מלוכלך בשתן ושיכור".

זה הייתה הרגשת סיפוק להביט עליו מלמעלה. זו היה הקידום הגדול ביותר, שאינגבורג יכלה לחלום עליו.

"אם את היית שואלת אותי, רבקה, הייתי אומרת, שיש עוד צדק עליון. אם את רוצה לחשוב טובות עליו, את אינך אנושית, את בודהה!"

רבקה צחקה בשקט. "אינגבורג, אני לא בודהה, אלא בן אנוש שמרגיש כמור!" רבקה סיימה את שיחת הטלפון בכך שאיחלה לאינגבורג "תהיי בריאה."

רבקה לא הניחה את השפופרת מידה. ללא שהות היא חייגה למיכה. שניהם הרגישו שלום פנימי עולה בתוכם. בכל זאת הם לא שמחו כאשר אנשים סבלו. באופן עקרוני לא!

"מיכה, אני נזכרת, שיעקב אמר פעם, שאדם מחויב לעשות בכל מצב את הטוב ביותר! אני חושבת עכשיו מהו הדבר הטוב ביותר?"

אחרי מספר ימים בא לרבקה מחשבת בזק. לכך היא הייתה זקוקה לכסף, שלמעשה לא היה ברשותה. היא חלקה עם מיכה את הרעיון שלה, שהתלהב ממנו כל כך, שהוא העניק לרבקה שמונה מאות יורו לא בתור הלוואה אלא כמתנה.

בעיתון האזורי רבקה מסרה מודעה לפירסום,
בצורה של הודעה פטירה. בשינוי אחד, שבמקום
צלב הוצגה תמונה של המצדה. מתחת לתמונה
היה כתוב, מה שאמור לתת לכל אדם אומץ.

זוהי הודעה לכל הקרבנות שאף פעם לא זכו
לצדק. כל מי שהיה בסכנה להפוך בעצמו
לפוגע, כי הוא השתוק לקרוא לנקמה. אנשים
אלו צריכים לדעת, שהם יכירו את הצדק העליון,
בו השופט היחידי ישפוט צדק.

היה חזק כמו סלע!

קח על עצמך את כל הסבל, הפחד והכאב, אבל
לא את תפקיד הקרבן!

טפס על הסלע שלך למעלה בזעם!

שם תגלה סבלנות, ותהיה בטוח, שהשופט
העליון יהיה שם תמיד.

מכל סבלך וכאבך יעוצב פסק הדין. לכן תהנה
ממה שסבלת, כי הוא יעשה קסם.

השופט הזה יגיע תמיד לפסיקת הדין, ללא
שיבקש לפגוע בפוגע, אלא בעזרת אור ואהבה.

האור יאיר לפוגע את מעשיו.

האהבה תשפוט אותו.